호모 히스토리쿠스

호모 히스토리쿠스
지금 여기를 위한 역사 공부

2016년 8월 12일 초판 1쇄
2019년 11월 4일 초판 4쇄

지은이 | 오항녕

책임편집 | 이민재
디자인 | 씨디자인
제　작 | 영신사

펴낸이 | 장의덕
펴낸곳 | 도서출판 개마고원
등　록 | 1989년 9월 4일 제2-877호
주　소 | 경기도 고양시 일산동구 호수로 662 삼성라끄빌 1018호
전　화 | (031) 907-1012, 1018
팩　스 | (031) 907-1044
이메일 | webmaster@kaema.co.kr

ISBN 978-89-5769-376-6 (03900)
ⓒ 오항녕, 2016. Printed in Korea

Homo
Historicus

지금 여기를 위한
역사공부

오항녕 지음

개마고원

이 책은 역사에 관심 있는 분들과 역사란 무엇인지, 역사를 어떻게 배우는지 이야기해보려고 썼습니다. 역사학을 직업으로 먹고 살면서도 정작 학교 다닐 때 E. H. 카의 『역사란 무엇인가』를 빼곤 '역사가 무엇인지' 배워본 적이 없는 경험도 이 책을 쓰게 된 동기입니다. 조금 더 나아갈 수 있다면 역사가 우리 인생 어디에 도움이 될지도 생각해보고자 했는데, 어느 정도 성과가 있는지는 모르겠습니다.

언젠가 '역사학개론'이나 '역사학입문' 같은 책을 쓰겠다는 생각은 갖고 있었습니다. 다만 줄잡아 일흔 살 정도는 돼야 쓰기 시작하리라 내다봤는데 그 시기가 예상보다 당겨졌습니다. 앞으로 몇 차례나 더 이런 입문서를 쓸 기회가 있을지 모르지만 이 책이 나의 첫번째 역사학개론인 셈입니다.

역사는 인간의 경험을 기록으로 남기고, 전하고, 이야기하는 것입니다. 과거의 사실만 공부하는 것이 아니라, 지금-여기의 역사를 기록하는 것이 역사의 출발이라고 생각합니다. '지금-여기의 역사'를 한쪽으로 밀어놓은 데서 역사공부가 편협해집니다. 과거와 현재를 대립시킴으로써 역사의 단절을 가져오고 대칭성을 붕괴시킵니다. 이는 곧 '역사 그 자체인 인간', 즉 호모 히스토리쿠스Homo Historicus의 자기분열을 의미합니다. 이 책을 관통하는 첫번째 문제의식입니다.

역사적 사건이라고 하면 종종 뭔가 대단한 사건을 떠올립니다. 나랏일은 큰일이니까 역사적 사실의 가치가 있고, 우리네 일상은 소소하니까 그런 가치가 없는 듯 여기기도 합니다. 그런데 과연 '중요한 역사적 사건'의 기준은 무엇일까요? 아무리 큰 사건도 사람들의 경험을 통해 모습을 드러내지 않나요? 과연 일상을 통해 드러나지 않는 역사적 사건이 있기는 한가요? 6·25전쟁은 그 일을 겪은 우리 부모님들의 하루하루 삶을 통해 실체와 아픔이 고스란히 드러납니다. 21세기 오늘의 한국사는 대학 등록금을 벌기 위해 아르바이트에 매달리는 친구의 일상에서 드러납니다. 언제나 역사적 사건과 현실은 추상적인 어떤 것이 아니라 오롯이 구체적인 인간의 경험에서 나타납니다. 이 책을 관통하는 두번째 문제의식입니다.

이런 문제의식을 토대로 본문을 4부로 구성했습니다. 1부는 역사가 인간에게 무엇인가, 사실이란 무엇인가, 변화하는 인간과 사회 등을 다루었습니다. 모든 사실, 사건에는 구조-의지-우연이 담겨 있다고 보는데, 이 점을 이해하는 것이 중요하다고 판단되어 상세히 언급했습니다. 역사공부의 기초인데, 의외로 그동안 잘 검토되지 않았습니다.

그런데 역사학, 역사공부도 역사적입니다. 시대에 따라 변합니다. 2부에서는 그동안 인류가 생각해온 역사와, 우리가 학교에서 배운 현대 역사학을 비교·검토했습니다. 수천 년 쌓아온 역사에 대한 인식을 통해 현대 역사학의 진보사관과 국민국가사 중심의 역사서술을 비판했습니다.

3부에서는 굵직굵직한 역사학의 테마들을 검토했습니다. 먼저 역사를 형성하는 기록과 기억이라는 주제를 역사학뿐 아니라 분자생물학, 심리학 등 유관분야 연구를 통해 검토했습니다. 늘 단골로 등장하는 역사학의 주제인 사실과 해석이라는 아포리아도 살폈습니다. 그리고 역사공부의 원초적 출발점이라 할 호기심, 즉 재미있는 이야기에 대한 동경이라는 주제로 돌아가면서 3부를 마쳤습니다.

앞의 세 편도 보는 사람에 따라서는 논쟁적일 수 있지만, 4부는 분명 논쟁적입니다. 1부~3부에서 다룬 역사학의 사건과 주제들은 연주, 변주되면서 역사공부에 보탬이 되기도 하지만 오해나 오류를 낳기도 합니다. 여기서 성찰과 반성의 힘인 역사공부에 대한 요청이 새롭게 생겨납니다.

역사공부를 하는 목적은 분명합니다. 나의 인생을 풍부하고 지혜롭게 만들어, 난세에는 어려움을 견디는 힘을 기르고, 치세에는 평화를 즐기며 유지하는 힘을 키우는 것입니다. 역사를 공부하면 그렇게 될 것입니다.

2016년 8월 1일
오항녕

차례

나로부터의 역사

사람들의 경험과 흔적 또는 그에 대한 호기심과 탐구를 우리는 역사라고 부릅니다. 아무것도 변하지 않는다면 아마 역사가 궁금할 이유가 없을 것입니다. 역사 자체도 변하고, 역사에 대한 생각도 변합니다. 이 책에서는 그동안 우리가 '역사는 뭐다'라고 생각했던 것을 일단 내려놓고 편하게 이리저리 역사에 대해 생각해보려고 합니다. 이를테면 다음과 같은 방식의 역사 이야기 말입니다.

방학식을 마치기 무섭게 나와 동생은 천안 성환읍 할머니 댁에 가는 시외버스에 몸을 실었습니다. 1번 국도를 따라 두 시간쯤 달려 안궁리에 내리면 사방이 고요했습니다. 신작로라지만 이따금 차가 지나다닐 뿐 지금처럼 신호등이 있지도 않았으니, 버스가 떠나면 귀가 멍할 정도로 조용했습니다.

그곳에서의 여름방학과 겨울방학은 버스에서 내릴 때 색깔도 냄새도 소리도 다 달랐습니다. 여름은 빨간색 겨울은 회색으로 다가오는 것이 달랐고, 겨울보다 여름이 풀냄새 쇠똥냄새가 더 진했습니다. 또 겨울보다 여름이 더 환했습니다. 홍경리 숲이 보일 때면 차츰 묘한 흥분과 낯가림이 교차했습니다. '방학해서 오는구면!' 하고 맞아주는 반가운 얼굴들이 하나둘 보일 때면 이제 한 달 동안 신나게 놀 수 있다는 게 실감나기 시작했습니다.

우리는 매일 놀았습니다. 냇가는 수영장이자 썰매장이었습니다. 할머니는 더러운 물이라며 말렸지만 여름에는 귓병이 나도록 물에서 살았고, 날이 갈수록 살갗은 검게 탔습니다. 겨울에는 아침밥도 먹기 전에 어둠을 뚫고 썰매를 타러 갔습니다. 멀리 다리 쪽에서 귀신처럼 허연 것이 왔다갔다 하는 게 무섭기는 했지만 훤해질 때까지 얼음판을 뒹굴었습니다. 추우면 누구네 짚가리에서 몇 단 빼다가 불을 지피면 그만이었으나, 나이롱 양말이 눌러 붙지 않게 잘 간수해야 했습니다.

신작로 근처에 비성거리(비석거리)에는 빈대가 많아 오래전 폐사廢寺가 됐다는 홍경사弘慶寺 비석이 있었습니다. 고려 현종 12년(1021)에 창건된 절이라는데, 비석의 글은 최충崔沖이 지었습니다만, 우리에겐 관심 밖이었습니다. 당시에는 비석을 둘러싼 비각이 없어 지나가는 나그네의 휴게소, 우리들의 놀이터가 되어 주었습니다. 그곳은 비석치기에 좋은 두툼한 기와 잔해를 무진장 제공해 주었습니다. 비석치기는 매일 해도 지겹지 않았습니다. 한 번도 같은 비석치기는 없었기 때문입니다.

하긴 매일 해도 지겹지 않은 게 한둘이 아니었습니다. 저녁 먹고 온 동네 아이들이 벌이는 숨바꼭질이 그 중 하나였는데, 초등학교

다니는 아이들부터 중고등학교 다니는 아이들끼리 모두 나와 동네
가 소란할 정도였습니다. 한곳에서만 놀면 어른들에게 야단맞으니
까, 이곳저곳 돌아다니면서 균등하게 폐를 끼쳤습니다. 무엇보다
이 숨바꼭질은 술래가 될 걱정을 하지 않아도 되었습니다. 술래가
되어도 여럿이 되었고, 금방 술래가 바뀌기 때문에 짚가리, 마차
밑, 변소, 텃밭 등 되는 대로 숨었다가 술래와 달리기를 했습니다.
거친 숨소리, 땀내, 아쉬움과 환희가 교차하는 소리 속에서 시간
가는 줄 모르고 놀았습니다. 그 시절을 돌아보며 나는 이렇게 생각
합니다.

'홍경리에서 지낸 우리들의 하루하루가 카이사르가 루비콘 강을
건너던 날보다 진했(을 것이)다.'

그 무렵 우리 손위의 형들부터 서울로 올라가기 시작했습니다.
이어 내 친구들도 하나하나 영등포 문래동의 선반 공장, 수원에 있
는 무슨 공장으로 취직해서 올라갔습니다. 여자애들은 구로공단이
나 누구네 식모로 들어갔습니다. 소유권에 밝은 이장의 인감도장
사기 사건으로 동네는 쑥밭이 되어 몇몇 친구네 집은 집 팔고 논
팔고 대처로 이사를 가야 했습니다. 동네 누구네는 가마니 공장을
시작했다가, 이내 폴리에틸렌 가마니에 밀려 문을 닫았습니다. 동
네에서 멀지 않는 곳에는 휴지공장이 들어서 아낙네들은 농사일과
함께 공장일도 겸하게 되었습니다. 초가지붕이 석면슬레이트로 바
뀌었던 것도 이 무렵입니다.

그렇게 사람들은 동네에 남아서는 계절제 또는 임시직 노동자

로, 떠나서는 '수출역군'이나 비숙련 노동자로 변신했습니다. 구로동, 말죽거리, 신림동, 낙골, 사당동으로 떠났습니다. 처음에는 살기 힘들어서, 나중에는 차츰 도시를 동경하며 떠났습니다. 그 시절 대중가요 중에는 "타향도 정이 들면, 정이 들면 고향이라고 그 누가 말했던가, 말을 했던가~"라며 안타까워하는 노래도 있었습니다. 이농離農·상경上京이란 말이 유행했고, 이러는 사이 전체 대비 90%를 차지하던 농촌인구는 10%로 졸아들었습니다.

농민이 토지를 비롯한 생산수단에서 떨어져 나와 노동력을 팔아야 먹고사는 존재인 노동자가 되는 과정을 역사에서는 '농민층 분해'라고 부릅니다. 영국에서는 공유지에서 농민을 추방하는 엔클로저Enclosure가 2~3세기에 걸쳐 일어났는데, 한국사회는 그런 농민층 분해를 불과 20~30년 사이에 겪었습니다. 고향 친구들은 40년이 지난 그 시절을 만날 때마다 이야기하고 또 합니다. 이제 주름도 굵게 이마를 가로지르고 머리도 허옇게 빠져가는 나이에, 벌어먹고 사는 방법도 사는 곳도 달라졌지만, 같은 동네 같은 시대를 살았다는 경험이 우리를 묶어줍니다. 우리는 기억하는 일들로 인해 웃고 떠들기도 하며, 슬퍼하기도 한숨 쉬기도 합니다. 그래서 나는 이렇게 생각합니다.

'우리들의 경험이 영국 엔클로저보다 도대체 왜 덜 역사적인 사건이란 말인가?'

역사적 사건은 뭔가 거창한 사건이라는 편견은 두 가지 이유에서 버려야 한다고 생각합니다. 첫째, 사람들의 구체적인 삶을 통해서 드러나지 않는 역사적 사건은 없기 때문입니다. 제2차 세계대전은 처칠의 『회고록』을 통해서만 역사에 남는 것이 아닙니다. 참호 속에서 두려움에 떨며 죽고 죽이던 앞날 창창한 젊은이들의 시간을 통해 2차 세계대전은 역사적 사건이 됩니다. 6·25전쟁의 비극도 열세 살 소녀로 황해도 연백에서 내려와 부산까지 굶어가며 걸어갔던 한 할머니의 인생을 통해 역사적 사건으로 드러납니다.

둘째로, 그러한 이유에서 감히 어떤 사건이 더 중요한 사건이라고 위계를 세울 수 있는 절대적 기준은 없습니다. 우리들의 경험과 기억이 중요하지 않다고, 역사가 아니라고 말할 수 있는 근거는 없습니다. 누구도 '역사적 사건'의 기준을 만들 수 없습니다. 역사는 그저 '어떤 사람들의 어떤 역사'로만 존재할 따름입니다. 거기에 우열은 없습니다.

지금 말하고 있는 역사에 대한 견해는 내가 처음 하는 말이 아닙니다. 이미 오래 전에 역사라는 관념이 인간에게 생긴 이래 늘 있어왔던 생각입니다. 역사를 거창한 무엇으로, 또는 인간을 국민으로만 환원시키는 국사國史로 이해하게 만든 일부 근대 역사학을 반성하다보면 자연스럽게 떠오르는 역사에 대한 오랜 기억입니다. 지금부터 역사공부의 오래된 미래를 찾아가보겠습니다.

1부

내 발길이 만드는 역사

역사에 관한 기초 개념이랄까, 용어에 대해 생각해보겠습니다. 역사는 시간과 사건이라는 용어를 빼면 남는 것이 없습니다. 이 말은 이렇게 증명하면 됩니다. 시간과 사건을 빼고 역사를 설명해볼까요? 되나요? 안 됩니다. 그래서 시간과 사건에 대한 기초 다지기로 우리의 이야기를 풀어가기로 하겠습니다. 여기에는 두 가지 명제가 있습니다. 일단 외우고 시작하겠습니다. 제1부는 아래 두 명제를 설명하는 데 소요되며, 내가 보기에 역사를 운위할 때 가장 중요한 명제입니다.

역사는 변화하는 인간과 그 사회를 기록하고 탐구하는 일이다.
모든 사건에는 구조, 의지, 우연이 함께 들어 있다.

OI

시간과 사건

어떤 사건:
기말고사

오늘 아침 내가 맡고 있는 강의 '서양현대사'
의 기말고사 문제를 확정했습니다. 확정했다는 말은 후보 문제, 예
상 문제가 있었다는 의미입니다. 나는 시험문제를 먼저 학생들에
게 의뢰합니다. 학생들은 함께 풀었으면 좋겠다는 문제를 각자 3개
씩 제출하지요. 그 중에서 내가 문제를 선정합니다. 나도 이 정도
의 권한은 행사하고 싶습니다.

학생이 제출한 문제를 그대로 채택하는 경우도 있고, 그들을 '지
적知的으로' 또는 '역사적으로' 괴롭히기 위해서 두세 문제를 병합
하기도 합니다. 하지만 결코 엉뚱한 문제를 내지는 않습니다. 학생
들이 제출한 문제를 토대로, 100점 만점에 130~150%의 예상 문
제를 만듭니다. 그걸 가지고 강의 시간에 학생들과 토론합니다. 문
제가 타당한지에 대한 일종의 검증이자, 문제의 성격을 다시 한 번
학생들과 공유하는 시간입니다. 이 결과를 반영해 시험문제를 확

정합니다.

'서양현대사' 과목은 '서양의 현대사'처럼 보이지만, 실은 그렇지 않습니다. 19세기는 서로 연관된 사회와 국가, 민족 사이의 본격적인 세계사가 시작된 시기입니다. 그 세계사는 제국주의/식민지라는 승패로 표상되기도 하고, 문명/야만이라는 이분법으로 표상되기도 합니다. 그렇지만 해방·민주주의·자유·저항·희망·연대·평화 같은 긍정적 가치들이 우리 삶에 자리 잡은 시기이기도 합니다. 그러므로 '서양현대사'는 '서양의 현대사'만이 아니라, 우리들의 역사와도 밀접히 연관되어 있습니다.

그뿐 아닙니다. 지금 우리가 입는 옷, 사는 집, 걸어 다니는 길, 타고 다니는 자동차, 밤을 밝히는 전기가 이 시기에 만들어졌습니다. 산업혁명과 프랑스혁명으로 대표되는 경제·정치 영역의 혁명은 말 그대로 인간의 삶에 혁명을 가져왔습니다. 농민 대신 노동자가 다수인 사회가 되었고, 붓이나 벼루보다 피아노 한 대쯤 있어야 좀 사는 집으로 보이게 된 것도 이 시기를 지나면서부터였습니다. 그러므로 지금 여기 우리의 삶을 이해하기 위해서도 꼭 살펴보아야 할 역사 무대입니다. 교재로는 20세기 가장 탁월한 역사학자로 꼽히는 홉스봄의 시리즈 저작을 선택했습니다.

학생들이 낸 기말고사 후보 문제를 내가 정리하여 다시 학생들에게 제시했습니다. 간간히 '도대체 누가 이런 문제를 낸 거야?' 하며 웅성거리는 소리도 들립니다. 예상했던 듯 고개를 끄덕이기도 하고, 자기가 낸 문제인지 흡족해하는 모습도 보이지요. 그리고 학생들과 문제를 함께 다시 읽어보았습니다. 소리 내어 읽어보면 문장의 오류나 질문의 취지 전달 여부가 선명해지기 때문입니다. 그 예상문제를 토대로 확정한 기말고사 문제는 다음과 같습니다.

1. '자본의 시대'가 보여주었던 대호황은 혁명이 숨을 죽이게 만들었다. 대호황은 자본주의 경제의 발전, 강렬한 자극에 의한 발전을 의미한다. 경제 확장은 통계로 나타난다. 19세기 가장 특징적인 척도가 되는 것은 증기력 및 그것과 관련된 철과 석탄이었다. 19세기 중반은 무엇보다도 연기와 증기의 시대였다. 철과 석탄으로 표현되는 이 시기 경제 변화를 약술하라.(10점)

2. 세계 지도상에 남아 있던 공백 부분은 서서히 메워졌다. 이는 탐험을 통해 이루어졌다. 이것은 세계 시장의 성장과 관련되어 있었다. 어떤 탐험은 외교정책의 부산물이었고, 어떤 탐험은 열성적인 선교활동의 부산물이었고, 어떤 것은 과학적 호기심이 낳은 부산물이었고, 저널리즘과 출판사업의 부산물이기도 했다. 그러나 탐험은 무엇보다 문명인의 야만세계에 대한 탐험이었다. 이 시기 탐험이 갖는 의미를 기술하라.(15점)

3. 1815년 이후 유럽은 '겁먹은 평화'를 택하였다. 그러나 1860년대는 유혈의 10년이었다. 이 무렵 유럽은 네 차례의 큰 전쟁을 경험하였다. 분쟁은 '철과 피'에 의해 해결되었다. 상대적으로 이 시기를 피비린내

나게 만든 이유는 무엇이었을까? 세 가지를 써보자.(15점)

4. 민족 감정이나 소속감이 아무리 강하다 해도, '네이션'이란 자연발생적으로 성장한 것이 아니라 인공적인 산물이었다. 그것은 역사적으로 새로운 것이었다. 19세기에 '네이션'은 새로 건설되어야 했다. 그래서 국민적 통일성을 강제할 수 있는 제도가 결정적 중요성을 지니게 된 것이다. 그 제도는 국가, 교육, 고용, 병역의 측면에서 살펴볼 수 있다. 이를 약술하라.(15점)

5. 19세기에 탄생한 문명 개념은 문명-비문명, 문명-야만의 이분법을 전제로 한 유럽 백인들의 자기의식이기도 했다. 이 관념은 문헌학, 인류학의 발달과 함께 인종이라는 주제에 도달하였다. 서로 다른 인종들 사이의 신체적 차이는 엄연한 것이기 때문이다. 인종의 우열에 대한 착상, 이는 문명의 단계론과 결부된다. 그리고 이는 '인종주의'라는 근대적 이데올로기의 하나를 형성하였다. 인종주의의 정의를 토대로, 인종주의 현상을 자유주의와 민주주의, 과학과 연관시켜 설명하라.(15점)

6. 19세기 노동자들의 생활을 지배한 단일 요인이 있었다고 한다면 그것은 '불안정성'이다. 자유주의 세계의 불안정이란 부(富)는 물론이요, 진보와 자유에 대한 값으로 지불해야 하는 희생이었다. 이 불안정성을 '농민의 불안정성'과 비교하여 설명하고, 성과급제/시급제가 '노동

자의 불안정성'을 조장하는 측면을 서술하라.(15점)

7. 20세기 두 차례에 걸친 세계대전은 철강산업에 기초한 다양한 살상 무기의 발명 때문에 교전국 사이에 대량 살상을 가능하게 했다. 특히 19세기 나폴레옹 전쟁 이후 '네이션' 차원의 전쟁 수행, 즉 국가 총동원 체제로 이루어지는 전쟁의 성격 때문에 민간인 역시 희생에서 자유롭지 못하였다. 그러나 무엇보다 이 두 전쟁은 제국주의 국가들 사이의 전쟁이라는 성격을 띠고 있다. 왜 2차대전 때 롬멜과 패튼이 아프리카에서 싸웠는지 염두에 두고, 두 전쟁의 제국주의적 성격을 부연하여 설명하라.(15점)

학생들은 90분 동안 연신 아픈 팔을 흔들어가면서 답안을 메웠습니다. 그들이 어젯밤 진리관에 있는 '꽈방(학과 학습실)'과 209호(학과 전용 강의실)에서 밤새워 그룹스터디를 했고, 예상답안으로 토론했던 것을 알고 있습니다. 시험시간 종료와 함께 펜을 내려 놓는 걸로 기말고사가 막을 내린다고 생각하기 쉽지만, 이게 끝이 아닙니다. 자신의 답안을 스스로 비평해야 합니다. 교재와 참고자료를 놓고 답안에서 잘된 점과 부족한 점을 적어 정해진 날짜까지 제출해야 합니다. 이 과정이 시험 자체보다 더 중요합니다. 이 피드백 자료까지 포함해서 성적을 매기면서 우리의 기말고사는 마감됩니다.

사건에 대한
이야기

우리는 하나의 사건을 살펴보았습니다. 그 사건은 내가 몸담고 있는 학교의 서양현대사 기말시험입니다. 나는 이번 기말고사 체험 당사자이자 이를 여러분에게 전해주는 전달자narrater이기도 합니다. 당연히 일기장에 이 과정을 적어놓았습니다. 내 역사의 일부가 된 것입니다. 출제·토론·시험·평가 등의 구체적 사실들이 모여 기말고사라는 사건에 대한 이야기를 이루었습니다.

역사학과에 관심 있는 대학생은 이 이야기에 더 관심을 가질 것이고, 무역업을 하는 사람은 관심이 없거나 덜 관심을 가질 수는 있겠지만 그것이 나의 역사, 시험을 친 학생들의 역사의 일부가 되었다는 것에는 변함이 없습니다.

뒤에 다시 논의하겠지만 '나의 역사'와 '나라의 역사' 사이에 우열優劣을 따지는 것은 의미 없습니다. 역사라는 점에서는 마찬가지라는 말입니다. 어떤 전제를 달더라도, 기말고사라는 사건이 나의 역사가 되는 데는 전혀 손색이 없습니다. 이리하여 먼저 다음과 같은 정리가 가능합니다.

①서양현대사 기말고사는 나의 경험이고 기억에 남아 있다.

②일기에 남은 기말고사는 나의 경험에 대한 기록이고, 전달이며, 이야기이다.

이를 일반화시켜보면 다음과 같은 말이 됩니다.

제1명제: 역사는 경험이고 기억이다.

제2명제: 역사는 경험에 대한 기록이고, 경험의 전달이고, 경험에 대한 이야기다.

역사, 역사학은 이 정의定義를 넘어서지 않는다고 생각합니다. 이런 맥락에서 나는 "역사[史]라는 말은, 기록을 남기고Recording, 기록을 보존하고Archiving, 그것을 통해 역사를 서술하고 이야기하는Historiography 세 영역을 함께 가리킨다"고 말했던 것입니다.[1] 그리고 이 정의의 바탕에는 더 근본적인 진실이 깔려 있습니다. 바로 **'만물은 시간에 따라 변한다'**는 겁니다.

존재의 시간성:
변화=유한성=무상

외부 강의를 할 기회가 많았습니다. 대상은 일반 시민이나 고등학교 학생이기에, 외부 강의는 대학 전공 강의와는 달리 도전 그 자체입니다. 운이 좋아서인지 수준 높은 청중을 잘 만나는 편입니다. 경청하는 분들이 많지요. 그런데 안타깝게도 그 좋은 청중들에게 강의 때마다 꺼내는 말이 있습니다.

"여러분은 반드시 죽습니다."

대개 예순이 넘은 분들은 어느 정도 죽음을 염두에 두고 삽니다. 옛날 같으면 쉰 살만 넘어도 상노인上老人(엄청 노인이라는 말) 소리를 들었으니까 당연한 일입니다. 그래서 통상 시민강좌를 듣는 분들에게 실례는 안 된다고 생각하고, 듣는 분들도 그러려니 생각하고 넘어갑니다.

그러나 고등학생들은 다릅니다. 얼마나 푸릇푸릇한 나이입니까? 더할 나위 없이 빛나는 나이가 아닌가요? 비록 입시에 찌들었을지 언정, 걸음걸이마저도 통통 탄력이 느껴지는 나이의 사람들에게 '죽는다'니요!

잠깐 우회해볼까요? 옛날에는, 아주 옛날에는 사회가 제정일치祭政一致의 성격을 띠고 있었다고 합니다. 제사와 정치가 하나로 묶여 있었다는 말이지요. 그 당시 역사를 기록했던 관리인 사관史官은 점 치는 일도 함께 맡았습니다.

점이란 결국 앞날을 알고 싶은 것입니다. 왜? 모르니까요! 점이 란 인간의 인식 능력이 갖는 유한성을 극복하고자 하는 소망이 소 박한 모습으로 표현된 것입니다. 동시에 유한성을 넘어 무한이나 절대성에 도달하고자 하는 욕망의 표현이기도 합니다.

인간에게 느껴지는 가장 큰 유한성은 죽음이 아닐까요? 개체에 게 개체의 종말만큼 큰 사건이 있을까요? '끝이다'라는 느낌 말입 니다. 개체의 죽음이든, 사회나 집단의 사멸이든, 없어진다[無]는 것만큼 존재의 유한성을 드러내주는 인식이 있을까요? 간단히 말 해서 시간으로 보아도 100년을 사는 사람이 드물지 않나요? 공간 적으로도 주어진 몸을 벗어나서 인간은 존재할 수 없습니다.

몰락이나 패망, 죽음 같은 단절에서 존재의 유한성을 느낀다면 그런 분은 매우 철학적 사유에 익숙한 분입니다. 우리가 논의하는 역사의 관점에서 접근하면 존재의 변화가 될 것입니다. 이는 존재의 시간성時間性에 대한 주제입니다. 유한성과 변화를 묶으면 무상無常, '늘 그러한 것은 없다'는 말이 됩니다. 맞습니다. 같은 말입니다. 같은 존재에 대한 접근 방식의 차이일 뿐입니다.

죽음의
역사성

　　　　　인간이 죽음을 인식하면서 유한성을 강하게 느낄 때, 그 유한성 때문에 존재의 단절(=죽음)을 넘어서 뭔가 연속성을 생각합니다. 100년도 못 살면서 100년은 물론 1000년 뒤를 생각하지 않나요? 어차피 죽을 것이면서 내가 죽은 뒤 자식 걱정, 나라 걱정을 하는 게 사람이지 않나요?

　이렇게 뭔가 연속성을 떠올릴 때, 그 연속성을 확보하는 방법은 시대와 지역에 따라 다르게 나타납니다. 또 그 방법은 해당 사회와 문화생활에 구조적인 영향을 미칩니다. 죽음은 일단 평생의 삶이 단절되는 지점이기 때문입니다. 그 연속성의 확보는 결국 내가 죽어서 어떤 존재가 될까, 내 살아생전 한평생이 어떻게 처리될까에 대한 문제와 관계될 것입니다. 이에 대해 생전의 행위에 따라 사후가 결정된다는 관념도 있을 수 있고, 절대자에 귀의함으로써 결정된다는 관념도 있을 수 있는데, 어떻든 초월적 존재를 전제하는 관념입니다. 이 관념을 우리는 신앙, 또는 종교라고 부릅니다.

동아시아 사람들의 경우 이 방식이 다르게 나타났습니다. 그들은 사후의 세계에 대해 그 궁극적 판단 또는 심판을 신의 손에 맡기지 않았습니다. 중국 진秦나라, 한漢나라 교체기에 이미 인간의 죽음을 기氣의 운동으로 설명하는 논리가 등장합니다. 죽음은 두렵고 걱정스러운 나머지 어디에 매달려야 할 문제가 아니라 저절로 그렇게 되는 일일 뿐이라는 거지요.

그러니까 하느님이나 해탈 이런 관념이 없었던 겁니다. 동아시아 사람들은 개별 존재의 단절(=죽음)마저도 살아 있는 현실의 인간 문제로 처리했습니다. 개인의 삶을 단절적으로 이해하기보다는 자子와 손孫으로 이어지는 생명의 연속성 위에서 이해했습니다. 거기서 개인의 죽음마저도 상례喪禮와 제례祭禮라는 현실의 살아 있는 인간에 의해 수행되는 종교적 의례 속에서 포괄했습니다. 이러한 존재의 연속성을 효孝라는 윤리로 발전시키는 치밀함도 놓치지 않았지요. 효란 바로 이런 생물학적 연속성의 다른 표현이었습니다.[2]

기독교의 신神이 차지한 자리가 동아시아에서는 역사현실에서 살아 움직이는 인간의 몫이었습니다. 현실의 인간들 속에서 유한한 존재의 연속성을 확보하고, 죽은 뒤의 궁극적인 평가조차 그 안에서만 의미를 가지게 되었던 것입니다. 잘못이 있다면 역사에 이름이 남으니까 실제적인 두려움이 되었고, 이는 나아가 종교적 경건성을 띤 두려움일 수 있었습니다. 기독교적 신의 진노에 대한 두려움을 대신할, 역사의 심판에 대한 두려움 말입니다. 다음 문장과 비교해보면 재미있습니다.

내 사랑하는 자들아, 너희가 친히 원수를 갚지 말고 진노하심에 맡기라 기록되었으되 원수 갚는 것이 내게 있으니 내가 갚으리라고 주께서 말씀하시니라[3]

어떤가요? 심판하는 느낌이 완전히 다르지 않은가요? 이런 점에서 동아시아 역사관에는 종교성이 있다고 한 것입니다. 역사가 종교라는 말이 아니라 역사 속에 종교적 성격이 있다는 뜻이고, 삶의 경험의 전승, 그 평가와 포폄褒貶(기리거나 깎아내림)이 일차로 종교적이라는 뜻입니다.

고등학생들에게 '여러분은 죽는다'고 한 말의 배경을 설명하는 중입니다. 말이 나온 김에 죽음, 유한성, 무한성, 역사의 종교성까지 언급했습니다. 종교나 역사나, 인간이 유한한 존재라는 명백한 사실에 신세를 지고 있습니다. 아마 신의 세계에는 역사가 없을 것입니다. 우리가 역사에서 만나게 되는 흥분과 스릴을 신들은 느낄 수 없을 겁니다. 죽음은 이런 점에서 '역사적으로' 고마운 일입니다.

무엇보다 '죽음'을 언급하면서 강조하고 싶었던 말은 변화 자체입니다. 가장 분명하고 실감나는 변화이지요. 지금은 팔팔한 고등학생이라도 서른, 마흔이 넘어가면 쇠약해지고 거기서 더 나이를 먹으면 병도 잦고 그러다가 죽는다는 평범한 사실을 확인시켜준 것일 뿐입니다. 모든 것은 변화합니다. 하나도 같은 것이 없습니다. 그런 변화하는 존재에 대한 이해와 탐구, 이것이 바로 역사공부입

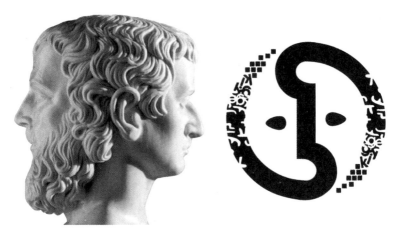

1월을 영어로 January라고 하지요. 라틴어로 '야누스의 달'을 뜻하는 야누아리우스 Januarius에서 온 말입니다. 야누스는 문[門]의 신입니다. 일상의 문과는 달리 시간의 문은 쌍방향이 아니라 일방통행입니다. 역사는 지나온 문을 들여다볼 수 있는 유일한 방법입니다. 그런 의미를 담아 국제기록위원회ICA, International Council on Archives)는 야누스를 형상화한 로고(오른쪽 그림)를 사용하고 있습니다.

니다.

　이 변화 때문에 똑같은 것이 없고, 이 변화 때문에 달라집니다. 모두 다 지나가는 것입니다. 이쯤에서 추체험 하나 해보겠습니다. 시간 속의 우리 삶을 생각해보겠습니다. 미래未來는 글자 그대로 아직 오지 않은 것입니다. 과거過去는 글자 그대로 지나간 것입니다. 그러니 있는 것은 오직 현재現在, 글자 그대로 지금 보이는 것밖에 없습니다.

　나는 이것이 너무도 신기합니다. 내 머릿속은 과거와 미래가 현재와 얽혀 있는데, 막상 존재하는 건 현재뿐이라는 것, 지금도 끊임없이 흘러가는 시간 속에서 오직 존재하는 거라곤 내 눈앞에 보이는 이것들뿐이라는 것, 과거는 오직 흔적으로만 남아 있고 미래는 오지도 않았으니 아예 흔적조차 없다는 것, 그리고 지금 이것들은 곧 흔적으로 남으리라는 사실 말입니다.

사건의
계열성

　　　　　앞서 기말고사라는 하나의 사건을 이야기했습니다. 그 사건은 여러 날, 여러 달 동안 이루어진 많은 사실들로 이루어졌습니다. 이런 사건·사실이 인생을 만듭니다. 인생에 대한 기억·기록이 역사니까, 역사는 이런 사건·사실로 되어 있는 셈입니다. 쭉 연결되어 있다고 해서 사건의 계열성이라는 말을 쓰지요. 역사는 사건들에 대한 이야기입니다.

　또한 2015년 기말고사에 대해 이야기했지, 기말고사 일반에 대하여 이야기하지 않았습니다. 사건은 태생적으로 동질성을 거부합니다. 경우에 따라 기말고사 일반에 대해 말할 때가 있을지는 모릅니다. 그러나 역사로서의 기말고사는 결국 '어떤 시점時點'의 기말고사일 수밖에 없습니다.

　그런데 그것이 연결되어 있어요. 계열성입니다. 이 계열성을 통해서 사건이 이어집니다. 과거는 흔적만 남고, 오지 않은 미래는 알 수 없으며, 그저 눈에 보이는 것은 지금 현재뿐이라고 하더라도, 이 계열성 때문에 과거-현재-미래가 이어집니다. 무수한 변화가 이어집니다. 요컨대 **과거는 지금의 나를 통해 전개되는 미래입니다.**

여기서 '나'는 여러 가지로 바꾸어보아도 됩니다. 과거와 미래의 내용을 구성하는 요소들을 바꾸어도 됩니다. 사회·학교·국가도 되고 책과 자동차가 '나'의 자리에 들어갈 수도 있습니다. 몸을 통해 전해지고 몸의 확장 형식, 이를테면 일기·서명·기념탑·답안지 등을 통해 전달됩니다.

이렇게 전달되는 흔적에 대해, 어떤 학자들은 사실事實, fact → 사태事態, accident → 사건事件, event 식으로 순서를 매기기도 하는데, 내가 보기에는 별 의미 없습니다. 과거는 무수한 사실과 사태, 사건으로 이루어집니다. 그냥 사건(사실이라고 해도 좋습니다)의 계열이라고 하면 됩니다. 흔적은 곧 사건의 계열로 전해지고, 그것이 역사가 됩니다.

02

조건: 오늘도 또 내일도

조건, 의지,
그리고 우연

역사학자들이 잘 안 쓰는 말이 있습니다. '모두' '언제나'라는 표현이 그 중 하나입니다. '모두' '언제나'는 일반화를 전제로 한 표현입니다. 역사학자는 일반화를 꺼리는 경향이 있습니다. 물론 역사학도 학문의 하나이고, 또 학문은 인식입니다. 인식은 『대학』에서 격물格物이라고 했듯이, 사물[物]을 내 머리 속의 틀에 넣는 일[格]입니다. 이 때문에 사건을 유형화하려고 생각할 때도 있고 사태를 설명할 이론체계도 필요합니다.

인간의 경험이자 경험으로 이루어진 사건·사실을 다루는 역사학은 '언제나' 서로 다른 사건을 다룹니다. 역사상 한 번도 같은 사건은 없기 때문입니다. '모든' 사건은 독특합니다. 그 인간의 경험을 해석하기 위해 이론이 필요할 수는 있지만, 경험 자체는 항상 독특합니다. 그런데 잘 안 쓰는 '언제나' '모든'이란 말을 쓰는 경우가 있습니다. 다음의 명제가 그렇습니다.

모든 사건에는 언제나 객관적 조건, 사람의 의지, 그리고 우연이 함께 들어 있다.

모든 사건은 조건·의지·우연이 합쳐져서 발생합니다. 역사는 사건에 대한 탐구이므로 모든 사건을 탐구할 때는 조건·의지·우연을 다 살펴야 합니다. 역사탐구에서 이 셋 중 하나라도 살피는 일을 소홀히 한다면 직무 유기에 해당할 것입니다.

구조주의
입문

인간은 맨땅에서 태어나지도, 살아가지도 않습니다. 타고나거나 살아갈 때 주어진 조건이 있습니다. 벗어나기 어렵지요. 충청도에서 태어났다는 것, 전라도에서 태어났다는 것, 얼굴이 누렇다는 것, 자본주의 사회라는 것……. 누구는 태어나보니 왕(이 되라는 것)입니다. 누구는 농민의 자식이고, 누구는 백정의 자식입니다. 태어나보니 남자이고, 태어나보니 여자입니다. 태생과 관련해 나는 가끔 장난 같은 진실을 던집니다.

"여러분 부모님이 여러분을 낳고 싶어 낳은 게 아닙니다. 어쩌다 보니 여러분이 나왔을 뿐이죠. 물론 여러분도 여러분들 부모님 자식이 되고 싶어서 된 게 아니고요. 태어나보니 어떤 남자, 여자가 내 부모인 것뿐입니다."

바로 이런 것, 태어나보니 정해진 것을 (객관적) 조건 또는 구조라고 부릅니다. 먹고살아야 한다는 사실, 경제적 조건 등 여기에 해당하는 것은 매우 많지요. 조건과 구조가 서로 결합하기 때문에 산술적인 숫자는 의미가 없습니다. 이 구조나 조건으로 사실·사건을 해석하는 걸 구조주의構造主義, Structuralism라고 부르는데, 사전에서는 다음과 같이 설명하고 있습니다.

문화는 연구자가 해석하는 관점에 따라 다양한 의미를 갖는다. 문화인류학을 대표하는 프랑스의 학자 레비스트로스[4]는 문화를 해석하는 하나의 관점으로 구조주의를 제시했다. 구조주의는 문화란 인간의 심층적 심리에 깔린 구조가 겉으로 나타나는 것으로 보는 관점이다.
그에 따르면 모든 문화의 기본 구조는 비슷하며, 각 문화들 사이의 관계를 분석하면 인간의 사고에 담겨 있는 본질적이고 보편적인 원리를 통찰할 수 있다. 즉, 모든 사회에서 유사하게 나타나는 행동이나 상징 속에 인간 정신의 공통적이고 불변적인 구조가 담겨 있다는 것이다.
구조주의는 사회 구성원의 생물학적·심리적 욕구, 사회 각 부분의 유기적 관계 등에는 크게 관심을 두지 않는다. 대신 사람들의 무의식 속에까지 자리 잡고서 사람들의 행동과 삶에 영향을 주는 심리 구조에 관심을 둔다. 이러한 구조주의는 20세기 사회과학뿐 아니라 철학, 종교학, 문학, 영화 등 여러 분야에 영향을 끼쳤다.[5]

어떤가요? 어려운가요? 쉽게 정의하자면 **구조주의란, 태어나보니 부모가 '어떤 여자와 남자'인 것과 같은 유입니다.**

우리가 살아가는 구조·조건이 있고, 그것이 어떤 사건·사태의 발생과 성격을 규정하는 가장 중요한 요소라고 보는 견해가 구조주의입니다. 구조주의는 관점·방법론·이론이지만, 구조는 실제 사건이나 사태에 담겨 있는 구성요소입니다. 쉽게 말해 인간이 어떤 행위를 할 때 거기에는 구조, 조건, 틀이 담겨 있다고 보면 됩니다.

역사학의 구조주의

그러므로 역사에서도 구조가 중요한 것은 말하나마나입니다. 역사에서 구조를 포착해낸 공로자라면 역시 카를 마르크스를 빼놓을 수 없습니다. 마르크스는 인류 역사의 각 시기마다 특징적인 생산관계가 있다고 보았습니다. 생산관계는 생산력에 조응한다고도 했습니다. 생산력은 필요한 재화를 만들어내는 능력을 말합니다. 그 생산력이 발전함에 따라 생산관계가 변화한다는 것이지요. 생산관계는 지주-소작, 자본-노동 관계처럼 재화를 생산할 때 맺게 되는 사회적 관계를 말합니다. 이것이 중요한 것은 마르크스가 두 가지 질문을 선명하게 제기했기 때문이라고 생각합니다. 요약하면 이렇습니다.

첫재, 다양한 인간 사회 집단의 분화의 메커니즘.

둘째, 한 종류의 사회가 다른 종류의 사회로 변하거나 변하지 못하는 메커니즘.

첫번째 질문은 왜 사람들이 사는 사회가 서로 다른가 하는 문제입니다. 아메리카 인디언 사회와 아시아 조선사회는 달랐습니다. 그런데 왜(+어떻게) 달랐는지, 그 사회의 특성을 설명하는 방법을 찾아낸 것은 마르크스 연구의 성과입니다.[6]

그는 이것을 상부구조와 하부구조의 결합에서 찾았습니다. 하부구조는 생산력과 생산관계로 이루어진 생산양식을 말합니다. 상부구조는 국가가 발생하면서 구축되는 사회제도·조직·이념 등을 가리킵니다. **하부구조와 상부구조라는 두 차원**Dimension**이 어떻게 결합하는가에 따라 그 사회의 모습이 결정된다**는 것입니다. 어떤 사회를 이해하는 데 도움이 될 접근 방법이 아닌가 생각합니다.

또한 A라는 사회는 C사회로 갔는데, B사회는 C사회가 아닌 C'사회로 가기도 합니다. 영국에서는 산업혁명을 거쳐 봉건제에서 자본제 사회로 옮겨갔는데, 같은 봉건제를 유지하던 동유럽에서는 그렇지 않았거든요. 여기서 두번째 질문이 나옵니다.

이는 사회의 이행移行, transformation에 대한 질문입니다. 고려에서 조선으로 이행은 어떻게 이루어졌는가 하는 질문도 여기에 속합니다. 왜 고려가 다른 형태의 사회가 아닌 조선으로 이행했는지를 설명하는 방법입니다. 마르크스는 생산력의 발전에 생산관계가 조응하지 못할 때, 하부구조에 상부구조가 조응하지 못할 때 이행이 일어난다고 봅니다. 이 조응하지 못하는 상황을 모순Contradiction이라고 보았습니다. 다시 말해, **A사회가 (다른 사회가 아닌) C사회로 변하는 까닭은 내적 모순의 성격에 있다**는 것입니다.

이 두 가지 질문을 다른 말로 바꾸면, 마르크스는 체제를 안정시키는 요소와 해체하는 요소를 동시에 지적한 것입니다. 하긴 안정이 깨지면 해체하거나 이행하게 되는 것이지요. 이렇게 사회를 이해하는 마르크스의 관점에서 역사학자의 진면목을 발견합니다. 앞서 말한 '변화하는 사회와 인간' '언제나 서로 다른 사건과 사태'를 설명할 수 있는 유력한 관점을 제공하기 때문입니다. 위의 말에서 사회를 사건으로 바꾸면 우리가 논의하는 역사공부의 ABC가 됩니다. 흔히 마르크스를 자본Capital을 분석한 경제학자로 보지만, 실은 누구보다 엄격한 역사학자였습니다. 그의 모든 논의는 이론의 소산이 아니라 사실 관찰의 결과였거든요.

역사학은
원래 유물론이다

인간 사회의 구성과 변화에 대한 마르크스의 견해는 '역사적 유물론Historical Materialism'이라고 부를 수 있습니다. 또 그렇게 불러왔습니다. 과거에는 '역사적 유물론'이 무슨 괴물이라도 되는 양 여기는 이데올로기 공세가 있었습니다. 아직도 한국 사회 일각에서는 그러한 이념 공세가 남아 있습니다 .

그런데 역사학은 본래 '역사적 유물론'일 수밖에 없습니다. 역사적 사실을 다루는 역사학이니까 당연히 '역사적'이라는 형용사가 붙을 수밖에 없지요. 유물론은 '물질주의' 또는 '자료=material를 중심으로 연구한다'는 말입니다. 역사학은 인간의 흔적과 경험이 담긴 자료를 벗어나서 논의할 수 없습니다. 인간의 관념이나 철학의 문제도 자료를 놓고 얘기하는 것이지요. 없는 것은 말할 수 없습니다. 그렇기 때문에 역사학자는 역사적 유물론자일 수밖에 없습니다. 이걸 부정하면 역사학자가 아닙니다.

마르크스의 문제의식은 말 그대로 문제의식이었기 때문에, 그의 말은 답변이 아니라 출발이었습니다. 왜 사회가 서로 다른가, 왜 사회가 이행하는가를 설명하기 위한 질문을 던진 것이지 답을 낸게 아니었지요. 그는 '왜 이러한 변화가 균등하거나 단선적이지 않고 특히 불균등하고 상호 결합되어 있는가?'라고 물었습니다. 홉스봄의 말대로, 마르크스는 마지막 말을 한 게 아니라 첫번째 말을 한 것입니다. 앞서 소개한 그의 역사관은 역사적 설명의 토대basis이지 역사적 설명 자체가 아니었습니다.

끝이 아니라
시작일 뿐

마르크스의 첫 질문을 시작으로 보지 않고 그가 답을 내렸다고 본 사람들이 있습니다. 홉스봄은 이들을 '속류 마르크스주의자' 또는 경제환원론자라고 부릅니다.

분명 마르크스는 구조를 중시합니다. 인간은 '과거에서 직접 기초되고, 주어지고, 전해진 환경 아래에서' 역사를 만들 뿐, 자신들이 환경을 선택하지는 못한다는 것이 마르크스의 견해입니다. 그런데 여기서 오해가 생겨납니다.

마르크스 사후 그의 사상을 심하게 단순화시키는 경향이 있었습니다. 모든 인간사회가 제각기 '다른 속도로' 발전해서 결국 '똑같이' 특정 형태의 사회에 도달하리라는 주장, 즉 단계론입니다. 이 단선론적 단계론은 하나의 사회구성에서 더 고차적인 사회구성으로의 이행을 설명하는 '기본법칙'의 추구로 이어집니다.

'기본법칙'은 과거 소련 교과서에 자주 등장하던 용어입니다. '봉건사회의 기본법칙', 뭐 이런 식으로요. 이것은 원시 공산제 사회에서 고대 노예제로, 다시 봉건제 그리고 자본제로 역사가 진행되어왔다는 말입니다. 단계론이지요.

이런 단계론에는 마르크스의 책임도 있습니다. 이런 단계론을 실제로 언급한 것이 마르크스였으니까요.[7] 하지만 맥락을 살펴보면 법칙으로서의 단계론을 언급한 게 아닙니다. 이미 말했듯이, 그의 관심은 사회의 성격과 변화였으며, 역사가 단계론으로 발전하지 않는다는 걸 너무도 잘 알고 있었습니다.

하지만 속류 마르크스주의자들은 다음과 같이 마르크스의 문제의식을 왜곡하기 시작합니다. ①마르크스의 '경제적 역사 해석'을 '경제적 요소는 근본 요소가 되고, 그 밖의 다른 요소들은 경제적 요소에 종속된다'로 이해하고, ②마르크스와 엥겔스의 경고에도 불구하고, '토대와 상부구조'의 모델은 '경제적 토대'와 '상부구조' 사이의 지배와 의존이라는 단순한 관계로 해석하며, 이 관계를 '계급적 이해와 계급투쟁'이 연결해줍니다.

특히 ③'계급적 이해와 계급투쟁'에 대해서도 별다른 내용이 없습니다. 속류 마르크스주의 역사가들은 『공산당선언』 첫 페이지에 나오는 "이제까지 존재한 모든 사회의 [서술된] 역사는 계급투쟁의 역사다"라는 첫 문장만 읽었다는 인상을 줍니다. 한때 '사회적 존재가 의식을 규정한다'는 말이 어디에 나오는지도 모르면서 말 자체가 그럴 듯하니까 잘난 척할 때 자주 입에 올렸던 추억이 생각납니다.

마지막에 거론할 것이 ④'역사법칙과 역사적 필연성'입니다. 인간사회가 역사 속에서 체계적·필연적으로 발전했다고 보는 것이지요. 그래서 인간 의지의 힘과 우연적인 요소는 이러한 발전에서 대부분 배제됩니다. 이는 개인이나 우연의 역할에 선입견을 갖는 기계적 결정론으로 귀결됩니다. 의지와 우연은 다음 장에서 다룰 것이고, 여기서는 우선 이런 결정론에 대해 이야기해보려 합니다.

기계적 결정론은
사이비

모든 사건에 구조·의지·우연이 내재되어 있다는 사실은 아무리 강조해도 지나치지 않습니다. 동시에 구조로만 좁혀 보아도 하나의 사건에 하나의 구조만 내재한 것이 아니라 다양한 구조·조건이 개입하거나 내재되어 있습니다. 그러므로 기계적 결정론은 인간의 의지나 우연을 소홀히 다룬다는 점에서도 오류이지만, 다른 구조와 조건을 무시한다는 점에서도 오류입니다. 이런 점에서 결정론은 쉽게 사람들을 유혹하지만 사이비似而非인 경우가 많습니다.

조선 사람은 반도半島에 머물러 있어서 대륙이나 해양으로 진출하려는 진취성이 부족하고 정체되어 있다고 본 일본 제국주의자들의 해석은 지리결정론의 대표적인 예라고 할 수 있습니다. 역으로 일본 사람들을 보고 '섬나라 근성' 운운하는 편견도 있지요. 지리결정론은 환경결정론이기도 합니다. 이런 지리결정론은 일상에서도 벌어집니다. 종종 '충청도 사람들은 느려!'라고들 하는데, 나는 충청남도 천안 사람이지만 매우 빠릅니다. 흔히 '어디 사람은 이러저러합니다'라는 평은 사람 하나하나에 적용할 때 거의 들어맞지 않거니와 일반론으로도 증명된 바 없습니다.

또한 남자들이 여자들을 보고 '여자라서 말이 많다'고 하지만, 말 많은 남자는 말 많은 여자 이상으로 수다스럽습니다. 아무튼 이런 식으로 남자와 여자로 나누어 규정짓는 것은 생물학적 결정론, 또는 성별性別결정론이라고 할 만합니다.

'사도세자 사건'에 대한 오해들

이런 우려나 오해, 왜곡의 가능성에도 불

구하고 역사적 사건을 이해하기 위해 구조나 조건은 반드시 염두에 두어야 할 요소입니다. 연습 한 번 해볼까요? 조선시대에 발생한 가장 쇼킹한 사건을 꼽아보라면 사도세자의 죽음을 드는 사람이 많습니다. 아버지가 아들을 뒤주에 넣어서 죽였으니, 세간의 눈으로 보면 인륜을 저버린 엽기적 사건임에 틀림없지요. 그런데 정말 엽기적인 사건이었을까요? '구조·조건'을 염두에 두고 이 사건을 이해해보겠습니다.

사람들은 언뜻 상식으로 보아 납득할 수 없는 사건이 일어나면 그걸 있는 그대로 받아들이지 못하는 경향이 있습니다. 사도세자의 뒤주 죽음은 '도저히 이해할 수 없는 사건'으로 받아들여졌던 것 같습니다. 그럴 만도 하지요. 아무리 아들이 잘못했기로서니 아버지가 아들을 뒤주에 넣어 죽이다니요! 보통 사람들의 삶에서는 좀체 만나기 어려운 비극임에 틀림없습니다. 이에 융건릉(사도세자의 융릉과 정조의 건릉)를 관리하는 문화재청의 공식 설명을 보겠습니다.

1762년(영조 38)에 장조(사도세자)가 아버지 영조의 명으로 뒤주 속에 갇혀 세상을 떠나자, 현 서울 동대문구 배봉산 아래에 묘를 조성하였다. 이후 묘의 이름은 수은묘垂恩墓라 하였으며, 1776년에 정조가 왕위에 오르자 장헌세자라는 존호를 올리고 묘를 원으로 격상하여 이름을 영우원永祐園이라 하였다. (…) 결국 뒤주에 가둔 지 8일 만에 세상을 떠났다. 영조는 자신의 행동을 곧 후회하고, 애도하는 뜻에서 '사도'라

는 시호를 내렸다. 그 후 1776년에 정조가 왕위에 오른 후 장헌세자라는 존호를 올렸으며 (…) [8]

문화재청의 설명대로라면 영조는 망령이 난 게 분명합니다. 그러나 영조는 망령에 들려 세자를 죽인 게 아니었습니다. 어려서는 똑똑했던 세자가 커가면서 발작하는 병이 들어 인성人性을 잃고 사람을 죽이기 시작했습니다. 병이 갈수록 악화되었다는 것이 사관史官의 전언입니다.[9] 10여 세 이후부터 그랬으니까, 꽤 오래 이런 양상이 계속되었고 영조가 뭔가 판단을 내려야 할 시점이 됩니다. 사료를 통해 확인할 수 있는 비극이 일어나기까지의 과정은 다음과 같습니다.

세자가 대리청정을 한 뒤 영조는 '너는 안락한 데서 태어나서 자랐다' '천리天理는 멀리 있지 않고 내 마음에 있다' '너는 용렬하니 어렸을 때 힘쓰지 않으면 후회할 것이다' '쾌快라는 한 글자가 너에게는 병통이니 경계하고 경계하라' '음식은 한때의 영양과 맛이요, 학문은 일생의 영양과 맛인데, 배부르고도 체하지 않는 것은 오직 학문이다' '나는 보통 때 반드시 꿇어앉아 감히 다리를 쭉 펴고 앉지 않는다' '형옥刑獄을 경솔하게 처리한다면 반드시 잘못을 저지를 것이니 신중히 하고 신중히 하라' '나는 불나방이 날아와 등불에 부딪치는 것을 보면 도랑과 골짜기에서 이리저리 뒹구는 백성을 생각하여 구휼하는 정사를 베풀었다' '사치를 몰아내는 한 가지 절목은 곧 임금이 먼저 해야 할 일이다' 등등 국왕의 덕목과 훈련에 대해 세자를 타일렀습니다.[10] 영조의 훈계를 따라 읽는 것만으로도 숨이 차지요? 이걸 읽고 담담한 분은 세자가 될 자질이 있는 사람입니다. 이걸 읽고 나처럼 숨이 차면 세자와는 거리가 먼 분입니다.

분명 사도세자는 아버지 영조와 달랐습니다. 사도세자가 세자 교육을 담당하는 서연書筵에서 눈병을 호소했을 때, 영조는 이를 꾀병으로 여겼습니다. 밥만 많이 먹고 책읽기는 싫어하는 것, 이것이 영조가 본 자식의 문제점이었습니다. 영조는 세자가 답답했습니다. 나라를 이끌고, 백성들의 삶을 책임져야 하는데 저러고 있으니……. 시험 기간에 빈들거리는 자식을 보고 있는 것도 답답한 일인데, 하물며 세자가 저러고 있으면 왕의 마음이 어떻겠습니까?

답답함은 세자에 대한 무시와 조롱으로 이어졌습니다. 1년에 책 읽고 싶을 때가 고작 한두 번이라고 '당당하게' 대답하는 세자에게 어떤 느낌이 들었을까요? 실제로 세자가 죽기 10년 전부터 영조는 세자를 거의 포기했습니다.

『한중록恨中錄』 및 『승정원일기』에도 세자는 일찍부터 광증狂症을 보였다고 기록하고 있습니다. 10여 세부터 시작된 정신불안과 의대증衣帶症(아무 옷이나 입지 못하는 병)은 가학증으로 이어졌습니다. 『한중록』에는 세자가 내관 김한채의 머리를 베어 집안에 들고 들어와 혜경궁 홍씨와 나인들에게 보여주었다는 기록이 등장합니다. 그전에도 세자는 영조의 꾸지람을 들으면 내관과 나인을 때렸는데, 1757년 6월부터는 사람을 죽이기 시작했다고 하지요. 김한채를 죽일 때 다른 나인도 여럿 죽였는데, 실록에서는 모두 6명이라고 합니다. 이런 사실은 폐세자 당시(1762년) 실록에서 '정축년 이후부터 증상이 심해졌다'고 말한 기록과 일치합니다. 『현고기玄皐記』에서는 이때가 처음이 아니라, 세자가 장성하기 전부터 이미 살인을 저질 렀다고 합니다.

사도세자의 부인 혜경궁 홍씨는 경진년(1760년) 이후로 세자가 얼마나 많은 사람을 죽였는지 기억할 수조차 없다고 했습니다. 「세 자를 폐위시키는 반교[廢世子頒敎]」에 따르면, 생모인 영빈 이씨(선 희궁)가 영조에게 세자의 비행을 말하면서 내관과 나인 100여 명 을 죽였고 불에 달궈 지지는 악형을 가했다고 합니다. 세자는 주로 만만한 아랫사람들만 죽였습니다. 여린 사람들이 폭력적으로 변할 때 나타나는 증상입니다.

게다가 가학증의 대상이 점차 확대됩니다. 후궁은 물론, 아내인 혜경궁 홍씨까지 공격했습니다. 뿐만 아니라 시강원에서 세자를 가르치는 스승을 쫓아가 공격하려고 했습니다. 영조가 세자의 음 주를 의심할 때였는데, 아마 시강원 스승들이 일러바쳤다고 짐작 한 듯합니다. 죽기 직전에는 생모 선희궁까지 죽이려고 했습니다.

이런 와중에 창덕궁 낙선재 우물에서 자살을 시도한 행적도 보 입니다. 그리고 평양으로 탈출하기도 했습니다. 일반불안장애, 강 박장애, 충동조절장애를 겪던 세자는 1760년부터 정신분열증까지 겪게 됩니다. 헛것이 보이는 것이지요. 그리고 아버지를 욕하기 시 작했습니다. 세손(정조) 등이 생일을 축하하러 왔을 때는, '부모도 모르는 내가 자식을 어찌 알랴'라고 하며 쫓아냈습니다. 자기는 부모도 자식도 모르는 사람이라는 말입니다. 자포자기였습니다.

이듬해 1761년 1월 세자는 자신이 사랑하던 빙애(경빈 박씨)를 죽였습니다. 옷을 갈아입다가 의대증이 도진 것인데, 얻어맞은 빙애는 세자가 나간 뒤 신음하던 끝에 절명했습니다. 빙애를 구타할 때 세자는 빙애와의 사이에서 얻은, 갓 돌이 지난 왕자 은전군恩全君도 칼로 내리쳤습니다. 그리고 칼 맞은 은전군을 문밖 연못에 던졌습니다. 이를 알고 영조의 계비 정순왕후가 은전군을 구하여 이름을 하엽생荷葉生, 곧 '연잎이'라고 불렀습니다. 영조는 자字를 연재憐哉, 즉 '가련하도다!'로 지어주었습니다.

영조도 세자가 '미쳤다'는 사실을 알고 있었지요. 세자의 생모가 세자의 비행을 영조에게 알리면서 미쳤으니 선처를 바란다고 했지만, 영조는 「세자를 폐위시키는 반교」에서 "비록 미쳤다고는 하지만, 그렇다고 어떻게 처분을 하지 않을 수 있겠는가[雖曰狂, 何不處分]"라고 분명히 말했습니다.

이상이 사도세자가 뒤주에 갇혀 죽게 된 과정입니다. 그럼에도 불구하고 이런 객관적 사실들은 도외시한 채, 사도세자가 소론과 결탁하려다 노론에 의해 죽임을 당한 것이라는 '당쟁희생설'이 근거도 없이 마치 사실처럼 떠돌고 있습니다. 이렇게 된 데는 무엇보다 사도세자의 아들 정조正祖에게 그 원인이 있었습니다. 1789년(정조13)에 쓴 「현륭원행장顯隆園行狀」을 통해 정조는 아버지 사도세자에 대한 기억을 바꾸고자 했습니다. 사도세자의 악행은 모두 '역적 홍계희洪啓禧' 등이 지어낸 이야기라는 것입니다. 원래 사도세자는 세 살 때부터 『소학』의 가르침을 체득하였고, 영조에게 꾸지람을 듣기는커녕 언제나 공부에 열심이었다고 썼습니다. 내관을 때려죽이던 해는 사도세자의 정성스러운 상례와 백성들을 생각하는 마음에 중외中外가 감동하였다는 이야기로 채웠습니다. 그러나 정조가 쓴 행장은 사실과 다릅니다. 아들이니까 그럴 수 있습니다. 누군들 자신의 아버지가 악행으로 역사에 남길 바라겠습니까?

융건릉에 가보면 정조의 효심과 사도세자의 비극이 만나 기이한 역사 왜곡이 벌어지고 있습니다. 여전히 당쟁으로 희생된 사도세자와, 그런 아버지를 되살려낸 정조의 갸륵한 효심이라는 담론이 넘쳐납니다. 안내문에도 자원봉사자의 해설에서도 말이지요.

이 사건의 전개와 원인을 대체로 정확히 알고 있다고 하더라도 종종 빠지는 함정이 있습니다. 첫째, 여전히 그 원인을 정면으로 응시하지 않으려는 태도입니다. 둘째, 이런 사태의 근원적인 원인이 '본질적으로' 권력의 비정함에 있다고 보는 해석입니다.

첫번째 함정의 사례는 '비극의 가장 큰 원인은 사실 모두의 예상을 뛰어넘은 영조의 장수에 있다' 운운하는 해석입니다. 여기서 묻고 싶습니다. 누구든 오래 살면 비슷한 상황이 발생할까요?(이는 두번째 함정을 설명하는 데도 유효합니다.) 아니지요. 사태의 흐름을 충분히 이해하지 못해 사태의 원인을 '장수'라는 자연적 조건에서 찾는 것일 뿐이라고 생각합니다.

두번째 함정의 사례는 매우 빈번히 발견됩니다. '권력은 부자 간에도 나눌 수 없다'는 해석입니다. 권력은 원래 그렇다는, 권력 환원론입니다.

그러나 이는 권력의 한 측면만 본 것입니다. 권력이 '원래' '아들을 뒤주에 넣는 성격의 것'이 아닙니다. 태종과 세종은 상왕과 임금으로 공존했으며, 오히려 조선 역사에서 세자와 국왕이 갈등을 빚은 경우는 드뭅니다. 서로 권력이 다르기 때문입니다. 한마디로 국왕과 세자는 공존할 수 있는 권력입니다. 그러므로 '권력의 비정함'이란 '해석'은 해석이 아닙니다. 권력은 비정할 때도 있습니다. 그러나 아닐 때도 있습니다. 따라서 '권력의 비정함'이란 논리적으로 무의미한 해석입니다.

비극의 원인:
세습왕정이라는 '구조'

이 사건의 (통상적인 의미에서의) 원인은 사도세자의 비행과 광증입니다. 그런데 그 원인들이 '뒤주의 죽음'이라는 비극으로 나타나게 만든 조건을 논하기 위해서는, 장수長壽나 권력權力의 비정함보다는 왕정王政의 성격을 살펴야 한다고 생각합니다. 지금까지 우리가 살펴본 '구조·조건'에서 먼저 찾아야 합니다.

영조를 비정한 아버지라고 말합니다. 그전에 생각해볼까요? 세자의 악행과 죄상은 명백합니다. 쉽게 사람을 죽이고, 정신까지 이상한 세자를 그냥 둘 수는 없습니다. 연산군과 광해군처럼 폭군 또는 혼군昏君이 될 것이 명백한 세자입니다. 그를 낳은 어미까지 나서서 처분을 요청하는 마당이었습니다. 어떻게 해야 할까요? 나는 여기서 사도세자의 비극 이전에 영조의 비극을 읽습니다. 평범한 아버지였으면 선택하지 않아도 되었을 결단을 국왕인 그는 강요당하는 것입니다. 세자를 바꿀 수 있는 이는 국왕뿐입니다. 살려두려면 어찌해야 할까요? 세손(정조)이 즉위했을 때 어떻게 되나요? 사도세자와 정조는 어떻게 위계를 세우나요? 이것이야말로 태양이 둘 있는 형국입니다.

또 생모 선희궁이 너그러운 처분을 원했을 때도 영조로서는 달리 방법이 없었던 것입니다. 정상적인 임금도 세우고 사도세자도 살려두어 여생을 마치게 할 수 있는 방법이 과연 있었을까요? 내가 보기에는 없습니다. 정조의 사도세자 현양顯揚조차도 사도세자가 죽었기 때문에 가능했습니다. 요컨대, 이 사건은 왕정이 아니면 일어나기 어려운 사건이었습니다.

좀 내키지는 않지만 사도세자의 처분 방법을 생각해볼까요? 사약賜藥이나 참수斬首를 한다고 해도 과연 누가 약사발을 들고 가고, 형장으로 끌고 갈 수 있을까요? 만일 명이 바뀌어 세자가 살아난다면? 그게 아니라도 세손이 있지 않은가요? 누가 자신의 아비에게 사약을 내리거나 참수형을 집행한 신하를 가만히 놔두겠습니까? 자결도 뭇사람들의 만류로 불가능해진 상태에서 결국 세자의 처분은 영조 자신의 몫일 수밖에 없습니다. 뒤주는 그렇게 선택된 방법입니다. 이 역시 사도세자의 비극을 규정한 왕정의 한 요소입니다.

사도세자가 뒤주에서 죽게 된 원인은 아버지의 광증과 비행을 덮으려고 했던 아들 정조에 의해 왜곡된 측면이 있었습니다. 그러나 정조의 왜곡을 재생산한 것은 그동안 학계의 불충분한 사료 검토에 기인하는 바 크지요. 게다가 사태의 비극적 성격 때문에 사실에 대해 역사적으로 접근하여 원인을 규명하기보다, 뭔가 그럴 듯한 이유를 찾아 비극을 선호하는 대중의 선정주의에 영합하는 경향도 있었습니다. 다행히 학계에서는 그간의 왜곡을 바로잡는 연구가 속속 제출되고 있습니다. 다만, 그 과정에서 다시 권력과 정치에 대한 본질론이나 환원론이 고개를 들어 애써 찾아놓은 역사적 진실이 희석되는 점은 경계해야겠습니다.

시호조차 애도한다는 뜻의 사도思悼가 된 세자 이선李愃. 그는 형인 효장세자孝章世子(1719~1728)가 죽지 않았으면 세자가 될 일이 없는 위치였습니다. 영조의 왕비 정성왕후貞聖王后 서씨에게서 왕자가 태어났다면 더더욱 세자가 되지 않을 수 있던 사람입니다. 세자는 되고 싶어서 되는 것이 아니지요. 거의 자신도 모르게, 자신도 어쩔 수 없이 되는 게 세자였습니다. 그래서 그것이 버거운 사람도 있는 법입니다. 아무튼 나는 시험기간에 빈들거리는 아이에게 이렇게 말하기도 했습니다.

"네가 세자가 아닌 것이 다행이다."

사도세자의 뒤주에 갇힌 죽음은 나쁜 또는 비정한 아버지, 어리석은 또는 못난 아들, 하는 식의 인성人性 문제로 원인을 돌릴 수 있는 사건이 아니었습니다. 이 사건은 무엇보다도 세습왕정이라는

영조(왼쪽)와 사도세자. 사도세자의 죽음을 두고 근거 없는 해석이 나돌고 있지만 왕정이라는 당대의 '구조'를 중심에 놓고 보면 의외로 사태는 간단합니다.

구조가 아니면 발생할 수 없는 사건, 다시 말해서 사람의 노력으로 넘어서기 힘든 엄중한 조건이 더 규정적인 힘을 가지면서 발생한 사건이었다고 봅니다. 그래서 처음부터 '비극'이라는 표현을 썼습니다.

두 가지만 간단히 정리하고 다음 주제로 넘어가겠습니다. 첫째, 구조라고 해서 불변은 아닙니다. 구조도 변합니다. 구조는 다음에 살펴볼 자유의지와 대립적이지 않습니다. 자유의지로 선택한 것이 나중에는 구조가 됩니다. 내가 자유의지로 역사학과를 선택했는데, 나중에는 역사학과가 내 인생의 구조가 되듯이 말이지요. 이 점, 꼭 염두에 두어야 합니다.

둘째, 객관적 조건과 구조를 고려하지 않으면 사태를 설명할 수 없습니다. 그러나 구조만 고려하면 설명을 할 수 있을지 몰라도 '사람'이 사라집니다. 그러면 인간은 구조나 조건에 규정만 받는가, 하는 의문을 갖게 되지요. 맞습니다. 구조만 따지면 인간이 책임질 일도 없고 인간에게 책임을 물을 수도 없게 됩니다. 책임 문제만이 아니라, 우선 인간의 의지가 빠진 역사적 사건이란 존재하지도 않습니다. 이래서 다음 얘기를 해야 합니다.

03

의지: 하면 된다

스스로를
결정할 수 있는 힘

　　　　　이웃 여학교의 예쁜 학생을 여자친구로 삼고 싶다고 남학생이 여학교로 등교하면 안 됩니다. 누구도 출석으로 인정해주지 않습니다. 그렇지만 방과 후 교문 앞에서 기다릴 수는 있습니다. 이렇듯 사람에겐 상황을 선택할 수 있는 의지가 있습니다. 의지는 다른 말로 욕망이라고 써도 좋습니다. 조건대로만 살지 않는 이유이자 힘입니다. 생각하고 고민하면서(때론 생각하지 않고 고민하지 않으면서), 뭔가 비전을 만들고 추구하고 가치를 부여하지요. 목적의식을 가진 존재로서의 삶입니다. 의지를 간단히 정의하자면 이렇습니다.

　인간은 자신의 사상과 행동을 스스로 결정할 수 있는 존재이다. 결정하는 이 힘을 의지라고 한다.

　이렇게 볼 때 문명文明이라는 것 역시 인간이 더 행복하고 편안하게 살기 위해서 쌓아올린 의지를 동력으로 하여 탄생한 역사적 산물이라고 생각합니다. 더 나은 삶을 위해 조금 힘든 일도 감내합니다. 야간자율학습도 하고, 어려운 문제도 풀고, 이른바 스펙도 쌓습니다. 인간이 하는 많은 노력, 거기에는 의지가 담겨 있습니다. 먼저 앞서 말한 구조와 의지가 만나는 지점부터 사례를 통해 알아보겠습니다.

이봉주 선수와 나는
조건이 다르다

'하면 된다!'는 슬로건이 유행한 적이 있습니다. 특히 군대에서 유행했습니다. 취지는 아마 힘을 내서 어려운 일을 해보자는 뜻이었겠지요. 그런데 이게 언젠가부터는 맹목적인 슬로건이 돼버렸습니다. 지금도 종종 상황에 대처하여 억지를 부릴 때 동원되는 언사입니다. 그런데 해도 안 되는 게 많습니다.

내가 살아온 역사 중 그걸 깨닫게 된 사건 하나 소개합니다. 나는 한동안 마라톤에 푹 빠졌습니다. 원래 달리기를 못하는데, 어쩌다가 조깅을 해보니 땀이 나면 개운하고 뭔가 성취한 기분에 계속하게 되었습니다. 10km대회에 처음 나가서 63분 만에 완주했을 때 참 기뻤습니다. 그때 같이 뛰었던 친구는 '이제 풀코스에 도전하게 될 걸!' 하고 장담했습니다. 풀코스는 42.195km, 100리가 넘는 거리입니다. '이제 겨우 10km를 뛰었는데, 무슨 내가 …… ' 하며 흘려들었습니다.

그런데 그 친구 말이 맞았습니다. 마라톤 동호회에 들어가 제법 체계적인 훈련도 하고, 차차 하프마라톤(풀코스의 반을 뛰는 경기)에도 여러 차례 참가하며 실력을 키웠습니다. 알고 보니 마라톤은 숨이 차서 못 뛰는 게 아니라, 근력이 딸려서 못 뛰는 것이었습니다. 천천히 뛰기 때문에 숨찬 것은 크게 문제가 되지 않습니다. 온몸의 근육이 그 거리를 달릴 수 있도록 버텨야 합니다.

해마다 3월이면 전국의 프로, 아마추어 마라토너들이 기다리던 대회가 열립니다. 겨울 내내 쌓은 훈련의 성과를 발휘할 때입니다. 시작하기도 전에 광화문 광장은 열기가 가득합니다. 아직 쌀쌀한 3월 아침인데도 팬츠에 러닝화를 신은 마라토너들은 분주히 워밍업을 시작합니다. 그들 가운데는 '국민 마라토너' 이봉주 선수도 있었습니다.

자, 이제 말하고자 하는 결론에 다가왔습니다. 출발선을 떠난 지 2시간이 지났을 때였습니다.

서울시민의숲 언저리를 달리고 있는데, 라디오를 듣고 뛰던 한 마라토너가 큰 소리로 알려줍니다. '이봉주 선수, 골인! 1등!' 시간을 보니 출발한 지 2시간을 넘어서고 있었고, 이제 전체 거리의 반을 통과하고 있었습니다. 이봉주 선수는 대략 2시간 10분 정도에 골인하지 않았나 짐작합니다.

빠르지요? 네 빠릅니다. 얼마나 빠른 거냐 하면, $100m$를 18초대에 끊는 속도로 $42.195km$를 달리는 겁니다. 성인이 전력질주해도 어려운 18초대의 속도로 $100m$를 422번 뛰는 겁니다. 이봉주 선수를 축하하면서 이런 생각을 했습니다. 아마 이봉주 선수는 나처럼 4시간을 뛰지 못할 거다. 4시간을 뛰려면 너무 힘드니까 빨리 뛰어 2시간 만에 가버린 거다……. 그렇게 생각하니 이봉주 선수가 못하는 걸 하는 내가 대견했습니다.

내 생각은 당연히 귀여운 억지입니다. 내가 이봉주 선수처럼 뛰다가는 바로 다칩니다. 내가 의지가 부족한 것이 아니라, 내 몸이 이봉주 선수처럼 달릴 수 없는 '틀=조건'이기 때문입니다. 타고난 체질도 다르고 서로 훈련의 양과 질도 다르겠지만, 아무튼 몸이라는 조건이 다릅니다. 그러므로 '하면 된다!'를 아무리 외치고 이봉주 선수처럼 달리려고 해봐야 돌아오는 건 부상입니다. 이봉주 선수처럼 되고 싶어도, 함부로 따라 하면 안 되는 이유입니다. 여기서 우리는 다음과 같은 명제를 추출할 수 있습니다.

함부로 이봉주 선수 흉내 내면 몸이 망가진다.(잘못하다간 죽는다.)

할 수 있는 일과
할 수 없는 일

지금 우리는 사건과 의지에 대해 이야기하는 중입니다. 역사 속의 어떤 비극을 설명할 때 종종 우리는 의지를 과다하게 강조하는 오류에 빠지는 경우가 많습니다. 프리모 레비Primo Levi(1919~1987) 얘기를 해보겠습니다. 3·1운동이 일어나던 해에 지구 반대편 이탈리아에서 태어난 그는 화학도였습니다. 유대계였던 그는 제2차 세계대전 말 파시즘에 저항하던 지하운동에 참여했다 체포되어 아우슈비츠 수용소에 수감됐습니다. 다행히 그는 용케 살아남아 고향 토리노로 돌아왔고, 이후 죽음의 수용소에서 겪은 일들을 차분히 기록으로 남겼습니다.[11] 그가 남긴 기록은 경험의 기록이자, 전달을 위한 기록입니다.(2부에서 서술할 역사의 세 범주 가운데 1범주와 2범주에 속합니다.) 그런데 그가 살아서 귀환한 뒤 가장 많이 받은 질문이 있었습니다.

"수용소에서 탈출한 포로들이 있었나?"

"집단적인 반란은 왜 일어나지 않았나?"

이런 질문을 레비는 일단 낙관적으로 받아들입니다. 오늘날 사람들은 자신들의 자유를 어떤 경우에도 포기할 수 없는 권리로 생각하고 있다는 증거이기 때문입니다. 아마 대한민국에 사는 사람들도 비슷하지 않을까요?

지금 우리가 논의하고 있는 인간의 자유의지에 기초하여 사건을 바라보는 시각이 그렇습니다. 부당한 이유로, 아무 죄도 없이, 자유가 없는 강제수용의 상태에 빠졌을 때, 누구나 탈출이나 저항을 통해 그 상황을 타개해야 한다는 생각을 갖게 됩니다. 그런데 보통 때 같으면 누구에게나 상식적인 이런 질문이 아우슈비츠 수용소의 경우 매우 조심해서 접근해야 할 문제가 됩니다. 레비는 이렇게 말합니다.

"안타깝게도 그런 그림은 수용소의 진짜 그림과는 닮은 점이 거의 없다."

왜 그랬을까요? 레비의 말을 계속 들어보겠습니다. 아우슈비츠에서 탈출을 시도했던 사람은 수백 명도 되지 않았고, 그중 성공한 사람은 수십 명에 불과했습니다. 탈출은 어려울 뿐 아니라 극도로 위험한 행동이었습니다. 포로들은 의욕도 없었을 뿐 아니라, 굶주림과 학대로 극히 허약한 상태였습니다. 그들은 삭발한 채로 눈에 금방 띄는 줄무늬 포로복을 입고 있었습니다. 신발은 빨리 걸을 수 없는 나막신이었습니다. 수용소가 있던 폴란드의 지리에 어두웠을 뿐만 아니라 말도 안 통했으며 연고도 없었습니다. 게다가 막사의 포로들은 24시간 함께했기 때문에 상호감시 체계가 작동했습니다. 탈출하다 잡히면 혹독한 고문 끝에 처형됐습니다. 탈출을 시도한 자의 친구들은 공범으로 간주돼 독방에서 굶어 죽어야 했습니다.

탈출하려는 포로를 사살한 간수들은 포상 휴가를 받기 때문에 포상을 위해 탈출 의도가 없는 포로에게 총을 쏘는 경우도 있었습니다. 수용소의 포로들은 유럽 전역에서 끌려온 사람들로 각기 다른 언어를 사용했기에 의사소통이 되지 않았습니다. 그전부터도 허기와 박해, 굴욕에 오래 시달려온 이들이 수용소에 머무는 기간은, 즉 살 수 있는 기간은 매우 짧았습니다. 먼저 들어온 이들이 생을 마감하면 새로운 수송열차에 실려온 포로가 그 자리를 채웠습니다. 그렇게 황폐하고 그렇게 불안정한 인간 조직에서 반란의 싹이 쉽게 뿌리내릴 수 없었다는 것입니다.

어떤가요? 아우슈비츠에 대한 레비의 증언은 자유의지를 강조하는 사건의 해석이 때론 사건의 성격을 호도할 수 있음을 보여주고 있습니다. 더구나 그 상황을 겪었던 사람에게는 불쾌한 매도로 느껴질 수도 있을 것입니다. 모든 역사적 사건에는 인간의 자유의지가 작용하고 있지만, 사건을 해석할 때는 자유의지를 조심스럽게 대입해야 할 경우가 있는 것입니다.

아우슈비츠 같은 시스템이 곧 우리가 앞 절에서 내내 논의한 구조입니다. 같은 맥락에서 '아프니까 청춘이다'류에 대한 비판이 가능합니다. 이른바 자기개발서가 강조하는 포인트는 개인의 노력, 스펙입니다. 열심히 하면, 노력하면 뭔가 이룰 수 있을 듯이 설교합니다. 거기에 드는 희생은 열정이라는 이름으로, 청춘은 원래 아프다는 말로 포장되지요. 그러나 그들은 왜 청춘이 아름다울 권리를 빼앗기고, 열정이 환희에 찰 기회를 빼앗기는지에 대해서는 입을 닫고 있습니다.

요즘 젊은이들이 게으르거나 스펙이 나빠서 취직을 못하고 꿈을 펼치지 못하는 게 아닙니다. 재벌의 이익을 대변하면서 그 이윤을 극대화하기 위하여 비정규직을 양산해놓은 정부정책, 그 위에 고착화되어가는 수월한 해고 체계, 부족한 사회복지 시스템 등이 젊은이의 일할 기회를 박탈하고 삶을 불안하게 만드는 원인이자 구조입니다. 지금 우리 역사공부의 연장선에서 볼 때, '아프니까 청춘이다'류의 논자들은 구조와 시스템의 문제를 개인의 의지 문제로 치환하는 오류를 범하고 있는 것입니다. 번지수를 잘못 찾은 것이고, 그것을 알면서도 그런 주장을 반복하고 있다면 그렇지 않아도 힘든 젊은이들을 기만하고 있는 것입니다.

'생각 없음'의
죄

한편 자유의지의 문제를 적극적으로 고려해야 할 경우도 있습니다. 아우슈비츠를 설계하고 운영한 독일 파시스트 아돌프 아이히만Otto Adolf Eichmann(1906~1962)의 경우가 그렇습니다. 그는 1962년 재판을 받고 처형당할 때 아주 근엄한 태도로 교수대로 걸어갔습니다. 그리고 "우리는 모두 다시 만날 것입니다. (…) 독일 만세, 아르헨티나 만세, 오스트리아 만세. 나는 이들을 잊지 않을 것입니다"라고 말하면서 죽었습니다. 한나 아렌트Hannah Arendt는 이를 두고 "두려운 교훈, 즉 말과 사고를 허용하지 않는 악의 평범성banality of evil이라는 교훈"을 함축적으로 보여주고 있다고 했습니다.[12]

아이히만은 독일 패망 뒤 아르헨티나로 도망쳐 잠적했다가, 1961년 이스라엘 비밀경찰에 잡혀와 예루살렘에서 재판을 받게 됩니다. 그는 나치스가 제도적·체계적으로 추구한 유대인 학살을 열정적으로 실행에 옮긴 인물이었습니다. 그는 '양심의 가책을 받은 적은 없는가'라는 법정에서의 질문에 "내가 명령받은 일을 하지 않았다면 양심의 가책을 받았을 것"이라고 대답했습니다. 그가 명령받은 일은 바로 "수백만 명의 남녀와 아이들을 상당한 열정과 가장 세심한 주의를 기울여 죽음으로 보내는 것"이었습니다.

아렌트는 아이히만이 매우 정상적이었고 평범했다고 보았습니다. 아이히만을 만나본 여섯 명의 정신과 의사들도 그가 정상이라고 진단했습니다. 심지어 어떤 성직자는 아이히만을 면담한 뒤, "매우 긍정적인 생각을 가진 사람"이라고 발표했습니다. 그는 유대인에 대한 증오도 없었고, 반유대주의 교육을 받은 사람도 아니었습니다. 그래서 아렌트는 '악의 평범성'이라는 말을 하게 되었던 겁니다.

이 과정 전체와 아렌트의 '악의 평범성' 개념을 이 자리에서 논의할 필요는 없을 겁니다. 우리의 논의와 관련하여 분명한 것은 자유의지를 가진 존재로서의 책임에서 아이히만이 자유롭지 못하다는 점입니다. 공자孔子는 일찍이 "네가 원치 않는 것을 다른 사람에게 저지르지 말라[己所不欲, 勿施於人]"는 말로 이런 책임윤리의 가이드라인을 제시한 바 있습니다.[13] 이런 가이드라인에 대한 무지를 아렌트는 '생각 없음thoughtless'이라고 표현했습니다.

'생각 없음'이란 우리가 늘 사용하는 말입니다. 어처구니없는 행동을 하면 '너 왜 그리 생각이 없어!' 하고 꾸지람을 듣습니다. 아렌트의 말이 바로 그 '생각 없음'입니다. 언제나 똑같은 단어만 반복하는 아이히만의 진술에서 아렌트는 말하기의 무능inability to speak, 타인의 입장을 고려하지 못하는 무능inability to think을 발견했습니다. 아이히만은 거짓말을 한 게 아닙니다. 그보다 그는 말귀를 못 알아듣고 다른 사람의 존재와 담을 쌓은 사람이었던 것입니다. 세상과의 교류를 막는 튼튼한 벽, 너무도 비극적이고 우매한 벽으로 둘러싸여 있었다는 뜻입니다. '생각 없음'의 결과입니다.

사안의 성격에 따라 사람들의 의지가 표현되는 방식도, 의지와

아우슈비츠 수용소 정문. 저항과 탈출 가능성이 원천 차단된 이곳 수감자들에게 자유의 지를 추구하는 것은 구조와 의지의 문제를 혼동하는 오류입니다. 왜 자유의지가 작동하지 않았느냐고 물어야 할 대상은 이들을 강제노동과 가스실로 몰아간 나치독일과 수용소 관리자들입니다.

상황이 맞부딪쳐 빚어내는 양상도 다릅니다. 또 개개인의 성향에 따라서 다를 수밖에 없습니다. 세월호 참사 당시 단원고등학교 교감 선생님이 자살하신 일이 있습니다. 당시 유서에는 '200명의 생사를 알 수 없는데 혼자 살기 벅차다. 나에게 모든 책임을 지워달라' 등 세월호 참사를 자책하는 내용이 담겨 있었다고 합니다. 학생들의 죽음을 자신의 책임으로 생각한 것이지요.

이런 심리는 부모가 자식의 상해나 사망에 맞닥트렸을 때도 나타납니다. 아이의 불행이 자신의 책임이라고 느끼는 것입니다. 교사도 학생들에게 유사한 감정을 품고 있습니다. 그래서 책임지지 않아도 될 영역까지 자신의 책임으로 끌어다 자학하는 경우가 왕왕 있다고 합니다.

역사는 인간들의 이야기입니다. 그러므로 의지를 빼놓고는 역사를 논할 수 없습니다. 그러나 의지만 논하다보면 구조를 놓칩니다. 사회=조건의 문제를 의지의 문제로 오해하면 구조적인 해결 방안을 찾을 수 없습니다. 그렇다고 반대로 의지의 요소를 놓치면 인간이 갖는 사회적 책임을 간과하게 됩니다.

04

우연: 아쉬운 이유

우연과
임의성

　　　　　　이제 역사적 사건이나 사태를 구성하는 마지막 요소가 남았습니다. 바로 우연입니다. 참 많이 쓰는 용어이면서도 의외로 저마다 사용하는 핀트가 조금씩 다릅니다. 먼저 우연에 대한 내 정의를 소개하고 논의를 시작할까 합니다.

　우연이란, 서로 목적이 다른 두 개 이상의 행위(사실)가 만나거나, 서로 목적이 같은 두 개 이상의 행위(사실)가 만나지 못하는 것이다.

　우연은 우발적 사건, 요행, 운수 등으로 우리 어법에 등장하기도 합니다. 표준국어대사전에는 "아무런 인과 관계가 없이 뜻하지 아니하게 일어난 일"이라고 나와 있습니다. 맞는 말이지만, 위의 정의가 더 정확하다고 생각합니다.

　여기서 종종 오해하듯이 우연을 필연과 대립적으로 이해해서는 안 될 듯합니다. 엄밀히 말하면 둘은 다른 차원의 개념이라고 생각합니다. 예컨대 사람은 반드시 사멸합니다. 생명이 있는 이상 필연적입니다. 그러나 내가 '어떻게 언제 죽게 되는 사건'에는 우연이 반드시 개입합니다. 정확히 말하면 필연이 내재된 둘 이상의 사건이 빚어내는 의외성이 우연이라고 할 수 있습니다. 거기에는 우리 인식 능력의 한계도 한몫할 것입니다.

우연이란 임의성任意性과도 다릅니다. 우연이란, 주사위를 던졌을 때처럼 앞서 던져 나온 숫자와 뒤에 던져 나온 숫자는 아무런 상관이 없다는 뜻이 아닙니다. 초급 수학의 확률에서 나오는 문제입니다만, 첫번째 주사위를 던졌을 때 4가 나왔다면, 두번째 던졌을 때 4가 나올 확률은 무엇일까요? 여기서 고민하거나 1/6 이외의 답을 말하면 안 됩니다. 답은 1/6입니다. 첫번째나 두번째나 서로 영향을 미치지 않는 각각 독립된 행위이기 때문입니다. 이런 것을 임의성이라고 부릅니다.

또한 콩 심은 데서 팥이 난다는 말도 아닙니다. 이것은 자연법칙을 벗어난다는 점에서 억지입니다. 콩 심은 데서는 팥이 나지 않습니다. 비가 오지 않거나, 심은 콩을 새가 날아와 파먹었거나 하는 이유로 콩이 열리지 않을 수도 있고, 병충해로 상한 콩이 열릴 수는 있지만, 결코 콩에서 팥이 나오지 않습니다.

객관적 조건과 자유의지는 역사를 설명할 때 동시에 고려해야 하는 요소이지 배타적인 것이 아님을 강조했습니다. 그런데 막상 역사의 사건을 설명할 때는 곧장 둘 중 어느 하나에만 집착하는 경우가 많습니다. 유혹이지요. 쉽게 설명하려는 유혹. 여기에 우연이라는 요인까지 끼어들면 어떨까요?

'클레오파트라의 코'라는 말이 있습니다. 클레오파트라는 BC 69년에 태어나 40세 되던 BC 30년에 사망한 이집트의 여왕입니다. 그리스와 마케도니아 혈통의 교양 있는 미인으로 알려져 있습니다. 로마 제국의 위세 앞에 이집트를 지키려던 정치가이기도 했겠지요. 그는 BC 38년 이집트에 원정 왔던 율리우스 카이사르와 연인이 되어 이집트를 보전합니다. 카이사르가 암살된 뒤에는 안토니우스의 연인이 되었습니다.

'클레오파트라의 코'란, 안토니우스가 클레오파트라의 미모에 넋이 나가 로마에서 신망을 잃었고 악티움 해전에서 패배함으로써 클레오파트라와 함께 자살했던 사건을 두고, 파스칼이 『명상록』에서 '클레오파트라의 코가 한 치만 낮았더라도 세계의 역사는 달라졌을 것'이라고 말했던 데서 유래했습니다.

코가 높으면 미인인지는 잘 모르겠습니다만, 이 이야기는 어떤 작은 원인의 영향을 받아 역사가 변한다는, 그것도 우연한 원인의 영향으로 역사가 크게 변할 수 있다는 의미로 인용되곤 합니다. 그럴 듯하게 들리지만 실은 세계와 역사에 대한 무지를 드러낸 말입니다.

클레오파트라의 코가 낮았다면 세계의 역사가 바뀌었을 것이라고 말한 파스칼은 그가 우선 여자였다는 사실, 이집트 여왕이었다는 사실이 상황을 어떻게 만들어갔는지부터 이해했어야 합니다. 우연은 중요할 수 있고 때로 매우 흥미롭지만 객관적 조건, 자유의지와 함께 그 우연의 맥락을 검토하지 않으면 한낱 가십에 그치고 만다는 점을 다시 강조하고자 합니다. 이런 우려가 기우가 아니라는 점은, 숱한 사람들이 파스칼의 말을 인용했지만 이 말이 악티움 해전을 이해하는 데는 거의 보탬이 되지 않았다는 데서 드러납니다.

그렇다고 우연은 중요하지 않으며 사소한 일이라고 주장하는 것은 아닙니다. 또 우연은 개인적인 문제라는 뜻도 아닙니다. 역사에서 우연을 고려하는 것이 파스칼처럼 역사 현상에 대한 무지에서 나온 도피라고 생각하지도 않습니다.

거듭 나는 '우연이란 서로 목적이 다른 여러 사건의 만남'이라고 정의합니다. 담배를 사러 나갔다가 달려가던 구급차에 치어 다치는 일부터 김영삼 대통령과 정상회담이 예정되어 있던 김일성 주석이 갑자기 죽는 일까지, 역사에는 서로 원인이 다른 둘 이상의 사태가 만나서 생기는 사건이 많습니다. 아니 모든 사건에는 우연이 내재합니다.

우연은 개인적인 문제일 수도, 사소할 수도, 경우에 따라서는 무지의 소산일 수도 있습니다. 동시에 우연은 사회적인 산물일 수도, 매우 중요할 수도, 원인을 알면서도 인정할 수밖에 없는 것이기도 합니다. 바로 이러한 우연의 복잡성·다면성 때문에 E.H. 카 역시 우연이라는 문제를 역사에서 논의할 때 마땅한 가닥을 타지 못하고 더 어렵게 만든 것인지도 모를 일입니다.

나의 정의에 따르면 우연은 객관적 조건이나 자유의지에 기초해서 생기는 변주임을 알 수 있습니다. 이 변주, 날씨예보만큼이나 예측하기 어려운 변주가 지금도 벌어지고 있습니다. 길이 엇갈리는 연인들의 안타까운 이별에서부터, 전쟁이 그친 평화로운 시기에 태어나 살고 있는 행운에 이르기까지 말입니다. 이런 느낌이 과거에 투영될 때, 우리는 아쉬워하고 한탄하기도 하고 안도하고 뿌듯해하기도 하는 것이 아닐까요?

빅토르 위고의
워털루 전투

내가 요즘 학생, 시민들과 함께 읽고 있는 책이 있습니다. 빅토르 위고의 『레 미제라블』입니다.[14] 초등학교 때 자유교양문고라는 이름으로 읽었던 한 권짜리 『장발장』이 그 책인 줄 알았는데, 완역본을 보니 『장발장』은 『레 미제라블』의 축소판에 불과했습니다.

만일 1815년 6월 17일과 18일 사이의 밤에 비가 오지 않았더라면 유럽의 미래는 달라졌으리라. 몇 방울의 물이 더 많으냐 더 적으냐가 나폴레옹의 운명을 좌우했다. 워털루를 아우스터리츠 승전의 종말이 되게 하기 위해 천심은 조금의 비밖에 필요치 않았고, 하늘을 건너가는 때 아닌 한 조각의 구름은 세상을 뒤집어놓기에 충분했다.

네, 그 유명한 워털루 전투 얘기입니다. 워털루는 벨기에의 지명으로 프랑스 북쪽에 자리하고 있습니다. 1815년은 장발장이 감옥에서 출소하던 해였습니다. 그해를 설명하는 2부 '코제트'의 첫 편을 빅토르 위고는 워털루 전투에 대한 역사서술로 시작합니다. 참고로 마르크스는 이로부터 3년 뒤인 1818년에 출생했지요.

하필 많고 많은 사례 중에 문학작품인 위고의 『레 미제라블』에서 묘사된 워털루 전투에서 우연의 사례를 찾은 이유는 간단합니다. 그의 워털루 전투에 대한 이야기는 사료조사를 마친 다음 워털루 현장에서 집필한 것이기 때문입니다. 앞으로 인용할 관련 자료는 허구가 아니라 사실이기 때문입니다. 워털루 전투에 대한 서술은 제2부에 나오지만 『레 미제라블』의 맨 마지막에 집필된 부분입니다. 워털루 전투 서술이 『레 미제라블』의 완성이었습니다. 빅토르 위고의 아버지 레오폴드 위고가 나폴레옹 휘하의 장교였던 것도 빅토르 위고가 워털루 전투에 관심을 갖게 된 직접적인 이유 중 하나이겠지요.

19세기의
돌쩌귀

1812년 러시아를 침략했다가 패배한 나폴레옹은 오스트리아·프로이센·러시아·스웨덴의 동맹군에 의해 라이프치히 전투에서도 패배했지요. 1814년 3월 파리가 함락되고 얼마 후에 나폴레옹은 지중해의 섬 엘바로 유배되고, 루이 18세가 즉위

합니다. 그러나 루이 18세의 무능은 나폴레옹 옹립 운동을 부르고, 나폴레옹이 1815년 3월 엘바에서 탈출한 뒤 이른바 '백일 천하'가 이어집니다. 워털루 전투는 이 시기에 벌어졌습니다.

1815년 나폴레옹 패배 이후 프랑스에는 외국으로 망명했던 루이 16세의 동생들이 돌아와 차례로 즉위했습니다. 유럽에서는 '겁먹은 평화'가 1830년 7월 혁명이 일어날 때까지 지속되었습니다. 나폴레옹은 유럽 최초의 국민전쟁을 통해 프랑스의 혁명정신을 퍼트렸고, 전쟁을 곧 혁명의 파급으로 여겼던 유럽의 군주들은 전쟁을 피했던 것이지요.

동맹군은 나폴레옹의 등장으로 인해 프랑스혁명의 불씨가 번질 것을 우려했습니다. 위고가 '19세기의 돌쩌귀'라고 부른 전쟁에서의 승리가 동맹군의 우려를 씻어주지는 못했습니다. 이미 나폴레옹 법전은 법 앞의 평등과 능력에 따른 출세, 모든 국민이 노동과 신앙, 양심의 자유를 갖는다고 선언했습니다. 사유재산의 신성불가침도 천명했습니다. 구체제는 나폴레옹을 저지했지만, 프랑스혁명의 파급은 저지하지 못했음을 이후의 역사가 증명하고 있지요.

1789년 혁명부터 약 30년 이상 혁명과 전쟁으로 지쳤던 프랑스인들은 왕정을 받아들입니다. 그러나 점차 왕이 언론을 탄압하고 선거권을 축소하는 등 과거로 돌아가려는 모습을 보이자 1830년 7월 다시 한 번 혁명을 일으켜 새 왕인 루이 필리프를 추대합니다. 1832년 6월 5일, 나폴레옹의 부관 출신 국회의원으로 '인민의 편'에 섰다고 평가받는 장 막시밀리앙 라마르크의 장례식을 계기로 일어난 폭동도 그중의 하나였습니다. 영화『레 미제라블』의 혁명 장면은 이 시대와 사건을 무대로 한 것입니다. 장발장의 양녀 코제트가 사랑한 마리우스가 이 혁명에 참가했다가 부상을 당했고, 장발장은 부상당한 마리우스를 구해 파리의 하수구를 통과합니다. 『레 미제라블』5부에 나오는 파리 하수구에 대한 묘사는 150페이지에 달하는데, 냄새나는 그 하수구를 꼭 가보고 싶을 정도로 역사적 가치가 높은 해설과 묘사입니다.

1815년에 감옥에서 출소한 장발장은 1820년대 프랑스 북부 소도시 몽레이유에서 새로운 구슬 공정을 개발해 기업가로 거듭나며 크게 성공했는데, 여기가 코제트의 어머니 팡틴의 고향이었습니다. 영화에서는 장발장이 운영하는 공장이 있던 곳입니다. 이 지역은 영국의 영향으로 프랑스 어느 지역보다 공업화가 먼저 진행된 곳이었습니다.

당시 도시로 농촌 인구가 급격히 이동했는데, 주택·수도 시설은 턱없이 부족했습니다. 당연히 위생 상태가 형편없었고 전염병이 퍼지면 거의 몰살 수준이었습니다. 이럴 때 가장 피해를 보는 건 빈민가에 사는 노동자들이었습니다. 1831년 콜레라 대유행이 대표적인 사례지요. 경제성장과 더불어 물가도 함께 오르는데 임금은 턱없이 낮았고, 자본가들은 더 낮은 임금을 위해 여자와 아동을 노동자로 부렸습니다. 빈민가의 남성 노동자들은 불안과 불안정에 술을 마셨고, 여자들은 매춘으로 연명하기도 했습니다. 결국 아이들은 부모에게 버려져 부랑아가 되기도 했는데, 장발장이 양녀로 삼았던 코제트가 그런 경우입니다.

나폴레옹의
자리는 없다

전투가 벌어진 몽생장 고원. 비가 오지 않아 땅이 말랐으면 이 날 워털루의 전투는 아침 6시에 시작했을 것입니다. 나폴레옹은 포병 장교 출신이었고, 비가 와서 땅이 질척거리자 마르기를 기다렸습니다. 그의 천재적인 재능은 포격이었습니다. 방진을 돌파하고 연대를 분쇄하고 전선을 무너뜨리고 집단을 깨뜨리고 분산시키는 것, 그에게는 모든 것이 거기에 달려 있었습니다.

특히 6월 18일, 나폴레옹은 수적으로도 우세했기 때문에 더욱 포병에 대한 기대가 컸습니다. 웰링턴이 159문의 대포를 가지고 있던데 비해 나폴레옹은 240문의 대포를 가지고 있었습니다. 땅이 말랐다면 전투는 아침 6시에 시작되어 오후 2시에는 끝났겠지요. 연합군 측 프로이센군에 의해 전세가 급변하기 3시간 전에, 나폴레옹의 승리로 돌아가고 말았을 겁니다.

밤새도록 비가 왔습니다. 땅은 소나기로 파헤쳐졌고, 빗물이 대야의 물처럼 들판 두덩이 여기저기에 괴어 있었습니다. 해가 뜨지 않았습니다. 첫 포성은 11시 35분에야 울렸습니다. 오후 4시 영국군은 위험한 상태에 빠집니다.

보나파르트가 워털루의 승리자가 되는 것, 그것은 더 이상 19세기 법칙에는 없었다. 다른 일련의 사실들이 일어나려 하고 있었는데, 거기에는 더 이상 나폴레옹의 자리가 없었다. 여러 사건들이 오래전부터 그에게 악의를 나타내고 있었다. 이 거대한 인간도 실각할 때가 온 것이다. (…) 나폴레옹은 무한 속에서 고발되어 있었고, 그의 추락은 결정되어 있었다. 그는 하늘의 뜻을 거스르고 있었다. 워털루는 결코 하나의 전투가 아니다. 그것은 세계의 얼굴을 바꾸는 것이다.

'용암이 벼락과 싸우는' 전투가 지속되며, 영국군의 패색이 짙어갈 무렵인 5시, 한 줄의 총검이 고지 너머에서 번쩍거렸습니다. 프랑스 지원군 그루시 부대가 아니라, 프로이센군 블뤼허의 부대였습니다. 위고는 말합니다. 전투가 2시간만 일찍 시작되었던들 오후 4시에는 끝났을 것이고, 블뤼허는 아마 나폴레옹이 승전한 뒤에야 전장에 당도했으리라는 것이며, 이것이 우리들에게 포착되지 않는, 어떤 무한에 어울리는 비상한 우연이라는 것입니다. 우연들의 연결이 몽생장 언덕을 지배하고 있었다는 것입니다. 위고의 힘을 빌려 나는 우연을 이렇게 정리합니다.

역사에서 우연이 우리에게 아쉬움을 남기는 이유는 여기에 있다. 만났으면(일어났으면) 했는데 못 만나고(안 일어났고), 만나지(일어나지) 말았어야 했는데 만났기(일어났기) 때문이다.

위고만이 아니라 나폴레옹 자신도 전쟁의 승리에 대한 확신을 잃고 있었다는 증거도 있습니다. 훗날 세인트헬레나에서 그는 "나

나폴레옹과 19세기 유럽의 운명을 결정지은 워털루 전투 기록화(윌리엄 새들러 作). 워털루 전투의 진짜 주인공은 비상하고도 절묘한 '우연'처럼 보입니다. 그러나 위고가 보기에 그 우연은 '구조와 의지'라는 '하늘의 뜻'을 구현하는 방식이었습니다.

는 운명이 나를 버렸다는 것을 느끼고 있었다. 결정적인 성공에 대한 느낌을 가질 수 없었다. 과감히 시도하지 못하는 것은 적절한 순간에 아무것도 하지 못함을 의미하는 것이다. 행운에 대한 확신 없이는 아무것도 감행할 수 없다!"고 말했습니다.

그런데 위고는 천운, 우연만 강조한 것은 아닙니다. 역사가 자신의 주제가 아니라는 위고의 말과는 달리 위고는 역사를 매우 정확히 읽고 있었습니다. 그는 구조·의지·우연의 결합을 사건의 '무한'이라고 표현합니다. 그 무한에 나폴레옹의 자리가 없다는 것입니다. 그것을 천운, 하늘의 뜻이라고 표현하구요. 1815년의 전환을 이룬 워털루 전투의 역사적 의미를 '세계의 얼굴을 바꾸는 것'이라고 정확히 포착했습니다.[15]

구조·의지·우연이라는 세 요소 중 어느 하나에 대한 설명이나 고려가 빠진다면 분명히 오류에 빠집니다. 이런 사건에 대한 이해는 당연히 내 인생을 깊게 해줍니다. 내 인생은 끊임없는 사건의 연속이기 때문이고, 그것이 나의 역사이기 때문입니다. 이것이 역사의 쓸모이며 힘이라고 생각합니다.

그런데 알면서도 잘 못하는 것이 또한 사람입니다. 이 세 요소가 모든 사건에 내재해 있다고 알면서도 막상 어떤 사태에 부딪히면 한 요소로 설명하고 그쳐버립니다. 이래서 역사를 좋아하는 것만으로 안 됩니다. 학습이 필요하고, 안목이 필요합니다. 이제 그에 관한 기초적인 이야기를 해보려고 합니다.

2부

역사의 영역

어디까지가 역사일까요? 무엇을 두고 역사라고 말할 수 있을까요? 그 전에 우리는 무엇을 역사라고 배웠나요? 지금은 무엇을 역사라고 생각하고 있나요? 제2부에서는 우리가 배운 역사에 대한 비판을 통해, 인간에게 역사가 무엇인지 살펴보겠습니다. 역사, 하면 떠오르는 당연한 관념들이 실은 좁거나 부분적인 진실만 보여주는지도 모릅니다. 다음과 같은 명제로 시작하겠습니다.

역사가 국사國史와 진보사관에 의해 왜소해졌다.
역사란 역사를 남기는 일, 전달하는 일, 이야기하는 일이다.

OI

인간의 조건, 역사

기록의
범주

　　　　　사람이 밥을 먹고 살듯이, 인간은 시간의 흐름 속에서 흔적을 남기고 삽니다. 그 흔적이 역사가 되고, 역사를 공부하는 사람들의 자료가 됩니다. 이런 행위는 크게 기록-전달-이야기의 세 범주로 나누어 생각할 수 있습니다.

　간단한 진술 같지만 원래 간단할수록 포괄적인 법입니다. 우리가 의식하든 의식하지 않든, 노력하든 노력하지 않든, 밥을 먹어야 사는 것처럼 인간은 역사적 존재이기에 위의 세 가지 행위를 하게 되어 있습니다. 범주를 세 가지로 나누기는 했지만, 서로 결합되어 이루어지는 경우도 많습니다. 그리고 그때마다 뭔가를 산출합니다. 행위를 했으니 나오는 것이 있다는 말입니다. 개인의 산출도 있고 집단의 산출도 있습니다. 그리고 산출하는 행위를 부르는 이름도 제각각입니다. 이를 간단히 예를 들어 정리하면 이렇게 됩니다.

범주	기록(1범주)	전달(2범주)	이야기(3범주)
주체	나	나·자손	나·자손
	공무원	기록관·박물관	영화감독
	학생	역사학자	역사학자
	과학자	번역자	소설가
	언론	선생님	기업
산출	일기·편지	일기	평전·자서전
	일지	족보	드라마·영화
	숙제	전시(폐기)	교과서
	연구보고서	문집	논문
	공문	교사(校史)	게임·역사체험

　편의상 왼쪽부터 1범주, 2범주, 3범주 이렇게 부르겠습니다. 위 표에서 보듯이 우리가 학교에서 배우는 '교과서'는 전체 역사 중 일부분입니다. 대학교 전공 과정에서 읽고 쓰는 '논문' 역시 전체 역사 가운데 일부입니다. 기록-전달-이야기라는 각각의 범주마다 주체·산출이 얼마나 다양하겠습니까. 사실 역사기록의 주체는 '인간 모두'라고 봐야겠지요. 산출 역시 무궁무진할 테구요. 이를 통해 **역사기록'이라고 해서 다 '같은 역사기록'이 아니다**라는 것을 알 수 있습니다.

　좀 더 범위를 좁혀 특정 시대의 역사기록을 중심으로 살펴볼까요? 그러면 더 이해가 쉬울 듯합니다.

　『조선왕조실록』을 들어보지 못한 분은 없을 겁니다. 세계기록유산으로 등재되어 있는 인류의 유산입니다만, 등재 여부를 떠나

500년 역사를 하나의 '역사서'가 담고 있는 경우는 전례가 없습니다. 그 질적 측면에서도 사료의 정확성과 증거성이 매우 우수한 기록입니다. 조선시대 역사에 대해서도 위와 같은 방식으로 범주화할 수 있습니다.

조선시대 역사기록의 범주

범주	기록	전달	이야기
주체	사관	사관	역사학자
	관리	춘추관	소설가
	학자	후손	영화감독
	시인	제자	동호회
산출	사초	실록	역사논문·저서
	상소	승정원일기	드라마·영화
	시	각종 의궤	교과서
	논설·편지	문집·시집	지역축제·답사

우리가 역사기록, 역사서라고 부르는 대상도 각각의 범주에 따라 성격이 달라질 수 있음을 알 수 있습니다. 사초史草는 사관이 듣고 본 사실을 기록한 문서입니다. 드라마에 보면, 임금 옆에서 붓을 들고 부지런히 적습니다. 통상 사초·일기·문서 등은 역사기록historical records으로, 논문이나 교과서의 형태를 띠면 역사서historiography로 보기는 합니다. 일리 있는 명칭입니다. 또한 일기나 사초를 1차 사료, 실록이나 등록을 2차 사료라고 부르기도 합니다. 개념적으로 보면 실록도 1차 사료라고 생각합니다. 연구자의 관점이 들어간 것

이 아니라, 보관하기 위한 편찬이니까요. 물론 편찬자가 개입되었다는 점에서 2차 사료로 보는 견해도 인정합니다. 이 문제는 더 논의해야 할 주제입니다.

일기 쓰기는
역사 쓰기다

초등학교 들어가면 일기 쓰기를 배웁니다. 아니 배우기 전에 쓰기를 먼저 합니다. 날짜, 날씨, 그리고 그날 인상 깊었던 일, 기억하고 싶은 일, 마지막으로 자신의 느낌. 하지만 여기가 끝이었습니다. 어떻게 써야 잘 쓰는 것인지는 더 이상 배워본 적이 없습니다. 이후로도 방학 때면 일기 쓰기가 숙제로 꼭 들어가 있었던 기억이 있습니다. 그러나 이 정도 개요만 알아도 누구나 쓸 수 있는 게 일기이기 때문에 숙제로 내줄 수 있었다고 생각합니다.

실록은 조선이라는 나라의 일기입니다. 국왕 비서실인 승정원에서 남기는 일기를 『승정원일기』라고 하고, 집현전의 후신인 홍문관에서 주관하는 세미나인 경연經筵의 기록을 『경연일기』라고 합니다. 모두 우리가 쓰는 일기와 비슷합니다. 『조선왕조실록』은 워낙 기록의 자율성도 보장되고 관리도 엄격했으므로 '믿을 만한 기록'이라는 의미의 '실록'이라는 명칭을 쓰다가 아예 고유명사로 굳어져버린 경우입니다.

실록만이 아니라, 일반 학자들의 문집에도 일기가 담겨 있습니다. 조선시대 문집에 보면 맨 앞에 시詩가 나오고, 이어서 상소 같은 공문이 나옵니다. 이어 편지나 잡저가 실립니다. 이어 제문, 묘비문, 행장 등이 실리는 것이 보통입니다. 내가 이해하지 못했던 것은 시가 맨 앞에 나오는 것이었습니다. 퇴계 이황의 『퇴계집』에 1~5권이 시이고, 율곡 이이의 『율곡전서』도 초판본 11권 중 맨 앞권이 시였습니다. 모두 그렇습니다.

　조선 선비들은 시에 마음이 빼앗기는 걸 경계했습니다. 시를 지을 때 글자놀이의 맛에 빠질 수 있다는 겁니다. 그러면 왜 그 사람의 일생을 담은 문집의 맨 앞에 시를 싣는가 하는 질문이 나옵니다. 한때 역사학과에서 논문을 쓸 때는 시는 건너뛰고 공문서 중심으로 자료를 찾았습니다. 시는 '허구의 문학작품'으로 보았기 때문입니다.

　내내 이상했습니다. 그다지 시에 비중을 두지도 않았고, '문학'은 근대적 분류이기도 하지만 전통시대에 있었다 해도 그다지 큰 장르가 아니었습니다. 그럼에도 불구하고 문집에는 버젓이 시가 맨 앞자리를 차지하고 있는 겁니다. 최근에야 그 실마리를 풀었습니다.

　시는 문학이 아니라 일기였기 때문입니다. 일기를 시로 쓴 것입니다. 그래서 문집에 실린 시는 모두 날짜 순으로 배열되어 있었던 거지요.

시로 읽는
역사

　　　　앞서 퇴계 이황 얘기를 꺼냈으니 계속 하지
요. 퇴계는 지금의 하계下溪(하계마을, 아랫토계) 건지산搴芝山 남쪽 기
슭에 있는 퇴계(지명)의 동암東巖 곁에 작은 암자를 짓고 양진암養眞
菴이라고 이름 붙였습니다.[1] 양진암은 퇴계가 고향에 은거해서 학
문을 연구하며 살겠다는 자신의 뜻을 실행에 옮겨서 축조한 최초
의 정자였습니다. 46세에 양진암을 축조한 그는 다음과 같은 시를
짓습니다.

동편 큰 기슭에 새로 살 터를 마련하니	新卜東偏巨麓頭
가로 세로 놓인 암석 모두가 그윽하네	縱橫巖石總成幽
자욱하게 안개 덮인 산골에서 늙어가고	烟雲杳靄山間老
시냇물은 돌고 돌아 들녘으로 흘러가네	溪澗彎環野際流
글 읽는 생활 믿을 데 있어 흐뭇하고	萬卷生涯欣有托
농사짓는 심사는 욕망 생겨 한탄이네	一犁心事歎猶求
혹시라도 시승에게 이런 말 하지 말게	丁寧莫向詩僧道
제대로 쉬는 게 아니라 병들어 쉰다네	不是眞休是病休[2]

　　　이때 퇴계는 휴가를 받고 고향에 돌아왔다가, 병을 이유로 여
러 차례에 걸친 조정의 부름에 응하지 않은 채 고향에 물러나 있었
기 때문에 '병들어 쉰다'고 말한 것입니다. 그 이듬해에는 양진암

에서 동쪽으로 한 마장 정도 내려가 있는 자하산紫霞山 기슭 하명동霞明洞에 터를 잡고 집을 짓다가, 하명동 앞 낙동강에는 당시 나라의 진상품인 은어잡이 어량魚梁이 설치되어 있어서 자손들이 오래도록 터를 잡고 살 곳이 못 된다고 판단해서 중단하고 말았습니다. 이렇게 퇴계의 시만 따라가며 읽어도 퇴계의 일생을 훤히 알 수 있습니다.

　조선만이 아닙니다. 중국도 마찬가지였습니다. 간단한 예화 하나 소개하겠습니다. 중국 당나라 현종과 양귀비의 이야기입니다. 백거이白居易라는 시인은 현종과 양귀비에 대해 이렇게 읊었습니다.

어양의 북소리 땅을 울리며 다가오니	漁陽鼙鼓動地來
크게 놀라 부르던 노래 가락 멈추었고	驚破霓裳羽衣曲
구중궁궐 연기와 먼지 피어오르니	九重城闕煙塵生
임금 수레 수만 기병 서남으로 피난가네	千乘萬騎西南行
황제 깃발 휘날리며 가다가는 멈추면서	翠華搖搖行復止
연추문 나서 장안 서쪽으로 백여 리쯤	西出都門百餘里
군대가 멈춰서니 임금도 어쩔 수 없다	六軍不發無奈何
미인은 임금 말 앞에 떨어져 죽는구나	宛轉蛾眉馬前死

「장한가長恨歌」라는 시의 일부입니다. 어양은 당나라 때 지방장관 안록산安祿山의 근거지이고, 북소리라는 것은 반란을 일으켰다는 말입니다. 그 소리에 현종과 음악을 즐기던 양귀비는 놀라서 거문고

를 텅 내려놓습니다. 이어 안록산에게 장안이 점령되어 궁궐은 한 순간에 불타는 연기와 놀라 피난 가는 행렬이 일으키는 먼지에 휩싸입니다. 임금이니 수레도 많고 호위하는 군대도 많습니다.

황제를 태운 가마는 길을 트는지 가다 서다를 반복합니다. 장안을 나서 백 리쯤 갔을 때, 장수들이 군대를 움직이지 않습니다. 이유는 바로 이 반란의 원인이 양귀비에게 있으니 처단하라는 것입니다. 황제의 군대가 버티고 요구하니 피난을 가야 하는 현종은 어쩔 도리가 없습니다. 때는 천보天寶 15년(756년), 장소는 마외역馬嵬驛이었습니다. 지금의 산시성陝西省 싱핑현興平縣 서쪽으로 25리라고 합니다. 아끼고 사랑하던 양귀비는 군사들에게 끌려가 불당에서 목졸려 살해되었습니다. 오빠 양국충楊國忠도 이때 살해됩니다. 양귀비의 시신은 누가 거두지도 않았고 마외역 뜰에 버려졌습니다. 이시의 내용은 모두 사실입니다. 시이기 때문에 축약이나 생략은 있지만, 사실의 형상화입니다. 정사正史인 『당서唐書』에도 위의 사실들이 그대로 나와 있습니다.[3]

이렇다면 나라도 문집을 만든다면 맨 앞에 일기를 실을 겁니다. 그 사람의 하루하루, 일생을 쭉 볼 수 있는 자료니까요. 당연히 조선시대 사람이나 중국 사람들도 문집을 만들 때 같은 생각을 하지 않았을까요?[4] 그런데도 그걸 모르고 역사연구를 한다고 하면서 정작 가장 중요한 당사자의 일기는 쏙 빼고 엉뚱한 자료를 먼저 뒤적인 셈입니다.

이는 시를 배우기 어려워서 생긴 일이기도 합니다. 또 우리가 역사자료에 대하여 얼마나 무지한가를 보여주는 사례이기도 합니다. 다시 말해 어떤 일이 지금-여기에서 일어나고 있다는 것을 기록하는 것 역시 역사이며, 그에 대해 배우는 것도 역사공부입니다.

기억을 잘 보존하기 위해서 적어놓는 것이야말로, 그 형식이 무엇이든간에 가장 기초적인 역사-행위입니다. 기록은 오랫동안 기억의 보조수단이었습니다. 물론 기억과 기록의 관계도 시대에 따라 다를 수 있습니다. 우리는 글로 써놓는 이유가 더 기억하지 않고 저장해두기 위해서인 경우가 많습니다. 스마트폰에 입력해놓는 이유는 내가 머릿속에 기억하지 않고 기억을 스마트폰에 위탁하는 행위입니다. 반면 중세 수도원이나 실록을 편찬한 사관은 '더 잘 기억하기 위해 써놓아야 한다'고 생각했습니다.[5]

경험의 기록이라는 역사-행위 분야는 지금 기록학이라는 분야에서 이 문제를 다루고 있습니다. 전통적으로 '역사[史]'의 범주였지만 현재 분과학문에서는 역사학에서 떨어져 있는 기록학에서 실록을 편찬하던 사관이 하던 일을 고민하고 있습니다.

한글도
못 읽는다

역사를 전달하는 데 가장 기초적인 일이 있습니다. 읽을 수 있어야 한다는 것입니다. 연습 한 번 해볼까요? 아래는 임진왜란 당시 선조宣祖가 왜군에게 포로가 되었던 백성들에

게 걱정 말고 탈출하라고 권유하는 유서諭書입니다. 그중 한 부분만
인용하겠습니다. 글의 제목은 「빅셩의게 니르는 글이라(백성에게 알리
는 글)」로 되어 있습니다.

님금이니르샤디너희처엄의예손디후리여셔인ᄒ여돈니기는네본ᄆᆞᆷ
이아니라나오다가예손디들려주글가도너기며도르혀의심호디예손디
드럿던거시니나라히주길가도두려이제드리나오디아니ᄒ니이제란너희
그런의심을먹디말오서르권ᄒ여다나오면너희를각별이죄주디아닐ᄲᅡ니
아니라그듕에예롤자바나오거나예ᄒᆞᆫ이롤ᄌᆞ셰아라나오거나후리인사
ᄅᆞᆷ을만히더브러나오거나아ᄆᆞ란공이시면냥천믈론ᄒ여벼슬도ᄒᆞ일거시
니너희셩심도젼의먹던ᄆᆞ음믈먹디말오샬리나오라 (…)

이제 무슨 말인지 말씀해보세요. 아시겠어요? 모르겠다구요? 그
렇습니다. 한글이라도 모릅니다. 못 읽습니다. 띄어쓰기도 되어 있
지 않습니다. 한글 고문古文입니다. 요즘 말로 옮기면 다음과 같습
니다.

임금께서 말씀하셨다. "너희가 처음에 왜적에게 포로가 되어서 계속
끌려다니는 것은 너희의 본마음이 아니라 도망쳐 나오다가 왜적에게
붙들려 죽지 않을까 생각하면서 도리어 왜적에게 소속되어 있었으므
로 나라에서 죽이지 않을까 의심하면서 두렵기도 하여 지금 나오지
않는 것이다. 지금은 너희가 그런 의심을 품지 말고 서로 권하여 다

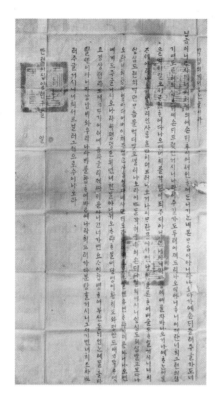

선조의 한글 유서諭書. 임진왜란 발발 이듬해인 선조 26년(1593) 9월에 내린 것으로 추정됩니다. 당시 김해성을 지키던 장수 권탁(1544~1593)은 이 유서가 내려지자 적진에 몰래 들어가 왜적 수십 명을 죽이고 조선 백성 100여 명을 구출해 나왔다고 합니다. 그러나 권탁은 이때 입은 부상에서 회복하지 못하고 사망했습니다. 이 유서는 권탁의 후손들이 대대로 보관해오다 현재는 부산시립박물관에 위탁 보관중이라고 합니다.

나오면 너희에게 각별히 죄를 주지 않을 뿐 아니라 그중에 왜적을 잡아 나오거나 왜적이 하는 일을 자세히 알아 나오거나 포로가 된 사람을 많이 데리고 나오거나 해서 어떤 식으로든 공을 세우면 양민과 천민을 막론하고 벼슬도 시킬 것이니 너희는 걱정이나 전에 먹고 있던 마음을 갖지 말고 빨리 나오라. (…)

한글도 이러니, 잘 읽히지도 않는 한문으로 적힌 대부분의 사료를 어떻게 쉽게 읽을 수 있겠습니까. 앞서 구조의 중요성을 논의하면서 사도세자 사건을 이야기했습니다. 그런데 사도세자의 묘지명을 잘못 읽어서 오해가 생긴 사례가 있습니다. 사도세자를 뒤주에서 죽게 한 뒤 영조가 후회했다는, 다시 말해 영조가 잠시 정신줄을 놓아 사도세자를 죽인 것처럼 해석할 때 이용되었던 사례입니다.

강서원에서 여러 날 뒤주를 지키게 한 것은 어찌 종묘와 사직을 위한 것이겠는가? 백성을 위한 것이겠는가? 생각이 이에 미쳐 진실로 아무 일이 없기를 바랐으나 구일째에 이르러 네가 죽었다는 비보를 들었노라. 너는 무슨 마음으로 칠십의 아비로 하여금 이런 경우를 당하게 하는고.[講書院多日相守者何爲宗社也爲斯民也思之及此良欲無聞逮至九日聞不諱之報爾何心使七十其父遭此境乎?][6]

이 해석대로라면, 사도세자를 죽인 건 종묘사직을 위해서도 백성을 위해서도 아니었다는 말이 됩니다. 그렇다면 아무 이유도 없이, 명분도 없이 아들을 죽였다는 말이 됩니다. 제정신인 사람이 하기 어려운 짓을 했으니, 영조가 이상한 아버지가 된 것이지요. 그런데 그럴까요?

위와 같이 해석하기에는 우선 문장이 어색합니다. 보통 '어찌 종묘와 사직을 위한 것이겠는가? 백성을 위한 것이겠는가?'라고 하려면 '어찌 종묘와 사직을 위한 것이겠는가? 어찌 백성을 위한 것

영조가 쓴 사도세자 묘지명. '오호(塢呼)'라는 표현이 수차례 반복 등장하며 영조가 크게 탄식했음을 보여주지만 묘지명 어디에도 영조가 후회했다는 말은 없습니다.(©국립중앙박물관)

이겠는가?'라고 하여 '어찌'를 두 문장에 각각 넣어줍니다. 한문에서는요. 그러니까 앞 문장에 걸리는 의문사 '하何'를 뒤 문장인 '위종사야爲宗社也'에 걸리는 것으로 보고 '어찌 종묘와 사직을 위한 것이겠는가'로 잘못 읽은 데서 당초 오해가 시작되었습니다. 바로 풀면 아래와 같습니다.

강서원에서 그 여러 날 너를 지킨 이유는 무엇이었겠느냐. 종묘사직을 위한 것이고, 이 나라 백성들을 위한 것이었다. 생각이 여기에 이르자 참으로 아무 것도 듣고 싶지 않았거늘, 아흐레째 되던 날 피치 못할 보고를 들었도다. 너는 무슨 마음으로 일흔 살 먹은 지 애비를

이런 지경에 처하게 한다는 말이냐.[講書院多日相守者, 何? 爲宗社也,

爲斯民也, 思之及此, 良欲無聞, 逮至九日, 聞不諱之報. 爾何心使七十

其父遭此境乎?]

역사공부를 하려면 이렇게 옛 기록을 요즘 언어로 옮길 수 있는
능력이 필요합니다. 다만 요즘은 워낙 번역 자료가 무료로 인터넷
을 통해 제공되기 때문에 누구나 마음만 먹으면 쉽게 접근할 수 있
으니 크게 걱정하지 않아도 됩니다.

하지만 장기적으로 역사의 전달이 원활히 이루어지려면 좀 차원
을 달리하는 고민이 필요합니다. 아직 숱하게 쌓여 있는 역사기록
을 못 읽어서 활용하지도 못하고 있으니 말입니다. 현재 조선시대
중요한 역사기록을 다 번역하는 데 150년이 걸린다는 연구결과가
있습니다. 물론 중국이나 일본 등 해외에 흩어져 있는 기록은 계산
하지 않은 것입니다. 그런데다 언어는 30~50년마다 변하기 때문에
번역을 했더라도 재번역 과정을 거쳐야 합니다. 산술적인 결론은
간단합니다. 현재 추세라면 이 땅에 남아 있는 역사기록은 한글로
전부 번역될 수 없습니다. 지금의 우리는 이미 남겨진 역사조차 후
대에 전달할 수 없는 수준의 문화역량을 가진 존재들입니다.

이는 과거의 문제만이 아니라 미래의 문제이기도 합니다. 흥미
로운 프로젝트가 있었습니다. 1980년에 미국 에너지부가 주관하고
인접 학문 학자 및 실무자들로 구성된 전담반이 가동되었습니다.

이 전담반의 구성 목적은 방사능 폐기물 매립지역에 대한 정보

를 1만 년 뒤의 후손들에게 어떻게 전달해줄 것인가를 연구해서 방법을 제시하는 것이었습니다. 여기서 기준이 되었던 1만 년은 방사성 동위원소의 위험성이 인류 생존에 적정한 수준으로 떨어지는 데 걸리는 기간입니다. 그런데 시간이 지나면 사람들의 언어와 상징체계가 변할 것이므로, 그것을 감안해 1만 년 뒤에도 후손들이 그 매립지를 알아보고 피해를 받지 않도록 하기 위한 프로젝트였습니다.

물론, 여기서 가장 핵심적인 자료는 매립지 자체의 위치와 그 위험성을 알려주는 것입니다. 궁극적인 목적은 그 기록들을 1만 년 뒤에 읽을 수 있게 하여 만약에 발생할지도 모르는 위험에 대비하는 것입니다.

현재 방사능 표지 기호는 ☢ 또는 해골이 그려진 위험표지입니다. 그러나 1만 년이 지나서도 이 기호들이 같은 의미를 지닐까요? 또 방사능 매립지에 대한 기록들을 그때도 읽을 수 있을까요? 읽을 수 있다 해도 그것이 같은 의미일까요? 1만 년 뒤의 의사소통을 고민해본다는 것, 스케일도 스케일이지만 책임감도 존경받을 만한다고 생각했습니다. 이런 고민은 아카이빙archiving으로 이어집니다.

아카이빙의
세계

1980년 5월의 광주민주화운동이 있은 지

8년째 되던 해인 1988년, 국회에서 '광주학살진상규명청문회'가 열렸습니다. 이 사건이 좀 낯선 분들도 있을 겁니다. 어쩌면 태어나기도 전의 일일 수도 있겠군요. 그렇기는 해도 우리가 살고 있는 사회는 그 연장선에 있습니다. 잘 기억하셔야 합니다. 안 그러면 반복되니까요.

그때 대부분의 증언자들이 '기억이 나지 않는다' '그런 일 없다'고 발뺌하면서 책임을 회피하던 기억이 생생합니다. 증거 기록을 확보할 수 없던 상황에서 청문회는 맥이 빠진 채 끝나고 말았습니다. 책임자를 가려내고 처벌할 수 없었지요.

신군부라고 불리는 일부 정치군인들의 권력욕에서 비롯된 학살은, 발포를 명령한 자는 없다는데 분명 발포는 했고 총칼에 맞아 죽은 사람은 있는 기이한 상황으로 남았고, 여전히 진상이 밝혀지지 않고 있습니다. 신군부가 권력을 장악하는 과정에서 불법적으로 설치한 '국가보위비상대책상임위원회'라는 기구는 아무런 기록도 없고 덜렁 간판 하나만 남아 있을 뿐입니다. 당시 청문회가 민주주의 발전의 증거였다면, 청문회에서 확인되었던 증거 기록의 파괴와 은닉은 앞으로 한국 민주주의가 풀어야 할 과제였습니다.

광주학살의 우두머리였던 전두환은 자신이 대통령으로 재임하던 시절의 기록도 사유화했습니다. 그 기록이 어떻게 되었는지는 그 자신만이 알 뿐이지요. 한 신문에서는 이렇게 전하고 있습니다.

재임 시절 전두환 대통령은 밤의 술자리에도 펜과 수첩을 든 비서관

정부 각 부처에서 생산되는 기록들이 보관되는 국가기록원(서울기록관). 우리나라에 본격적으로 국가기록물 관리 체계가 구축된 것은 '공공기관의 기록물 관리에 관한 법률'이 시행된 2000년도부터입니다. 역사가 짧은 만큼 아직 갈 길이 멉니다.

을 배석시켰다. 그의 기록열은 청와대 내 모든 언행들을 시시콜콜 남기게 했다. 한 야당 지도자가 둘만의 밀담이라고 심중을 털어 놓았던 독대 내용까지 비밀 녹취록으로 만들었을 정도다. 그는 청와대를 떠날 때 자신의 이삿짐에 이 생생한 기록물을 모두 챙겼다. 트럭 서너 대 분량이었다. 정부기록보존소에는 정부의 재가 문서들만 넘겨줬을 뿐이다. 한때 개인 창고를 빌려 이 청와대 자료들을 보관했으나, 정치적 역경의 세월이 흐르면서 상당수 분실되거나 폐기됐다.[7]

이런 폐단을 반복하지 않기 위해 시민사회와 학계, 정부의 뜻있는 공직자들이 힘을 모아 '공공기관의 기록물 관리에 관한 법률'을 제정한 것이 1999년이었으니까 우리 사회의 기록관리는 이제 겨우 10여 년이 지났을 뿐입니다. 그만큼 아직 자리를 잡지 못했다고 볼 수 있습니다.

이야기의
경계

　　　　　　이렇게 전달되고 보존된 기록을 기초로 과거를 이야기할 수 있습니다. 역사의 많은 부분이 이야기의 형태로 다가옵니다. 영화 하나만 예로 들어볼까요? 몇 년 전 영화 〈광해—왕이 된 남자〉가 인기를 끈 적이 있습니다. 진짜 광해군이 신변의 위협을 느껴 광대 하선을 불러들여 임금 대행을 시키는 영화였습니다. 인천 시민들과 공부하면서 쓴 책인 『광해군—그 위험한 거울』이 이 영화와 비슷한 시기에 나왔는데, 이 때문에 기자들로부터 질문을 많이 받았습니다. 그 중 가장 많은 질문이 다음 자막에 대해서였습니다. 예고편에 보면 더욱 선명히 맨 앞에 나오는 자막이었습니다.

　광해군 8년, 2월 28일
　'숨겨야 할 일들은 기록에 남기지 말라 이르라'[8]

　　그리고 배우 류승룡 씨의 음성과 자막이 교차로 이어집니다. 말

타고 달리는 장면과 긴박감 넘치는 배경음악을 깔고 말이지요.

'당장 승정원에 가서 보름간의 일기를 가져오게!'(류승룡) -둥둥둥둥-
'조선왕조실록에서 사라진'(자막) -뚜그닥뚜그닥- '훔쳐서라도 뺏더라
도 반드시 가져오게!'(류승룡) -둥둥둥둥- '광해군 15일간의 행적'(자
막) …… .

정말 보름간의 기록이 없느냐는 기자들의 질문에 처음엔 나도
멍했습니다. 몇 번을 읽었던 『광해군일기』였지만 그렇게 기록이 누
락되었다는 기억이 없었습니다. 그래도 미심쩍어 확인한 뒤에 기
자들의 질문에 대답했습니다만, 실록에 며칠이 누락되었는지는 누
구나 쉽게 대답할 수 있습니다. 바로 조선왕조실록 홈페이지에 들
어가면 확인할 수 있기 때문입니다. 다음은 광해군 8년 2월~3월의
기록 목록입니다.[9]

○ 광해군 8년 2월 27일
○ 광해군 8년 2월 28일
○ 광해군 8년 2월 29일
○ 광해군 8년 3월 1일
○ 광해군 8년 3월 3일
○ 광해군 8년 3월 4일
○ 광해군 8년 3월 5일
○ 광해군 8년 3월 6일

○ 광해군 8년 3월 7일

○ 광해군 8년 3월 8일

○ 광해군 8년 3월 9일

○ 광해군 8년 3월 10일

언뜻 실화처럼 다가오는 이 영화의 헛점들을 잠깐 살펴보겠습니다. 첫째, 보름치가 빠진 경우는 없습니다. 3월 2일 기사가 없는데, 우리도 일기에 별 일이 없던 날은 기록이 없듯이 실록에도 그런 경우가 있습니다. 나는 웃으며 '이 영화는 처음부터 거짓말로 시작하는 영화'라고 말했던 적이 있습니다. 특히 보름치가 사라졌다는 귀여운 허구 말고도 이 영화는 처음부터 몇 가지 오류를 드러내고 있습니다.

둘째, 승정원에 가서 '일기'를 가져오라고 해놓고, 『조선왕조실록』에서 사라진 15일간의 일기라고 했는데, 일기와 실록을 헷갈렸습니다. 물론 『광해군일기』를 염두에 두고 그렇게 표현했다면 그럴 수 있겠다 싶지만 그것도 틀렸습니다. 『광해군일기』를 '실록'이라고 하지 않고 '일기'라고 부르는 것은 광해군이 폐위된 임금이기 때문입니다. 연산군대 실록을 『연산군일기』라고 하는 것과 같습니다. 더욱이 『광해군일기』는 일기라는 명칭만 같을 뿐 『승정원일기』와는 전혀 다른 기록입니다. 실록청에서 편찬한 기록과 승정원에서 관리하는 기록의 차이가 있습니다.

셋째, 더더구나 『광해군일기』는 당시 편찬되었을 수가 없습니다. 실록 편찬의 관례대로 다음 왕인 인조 초반에 편찬을 시작했으나,

광해군대 궁궐공사 등으로 파탄 난 재정 때문에 결국 편찬을 마치지 못하고 초본 상태로 오늘날까지 전해지고 있습니다. 결론은 이 영화가 실록과 일기의 차이, 『광해군일기』의 성격을 잘 모르고 만든 작품이라는 겁니다.

하지만 예고편 맨 앞에 나오는 자막은 실제로 『광해군일기』에 나오는 말입니다. 『광해군일기』 중초본 권100 광해군 8년(1616) 2월 28일에 정확히 나옵니다.

전교하였다. "숨겨야 될 일들은 조보朝報에 내지 말라."

조보는 요즘으로 치면 관보官報이지만, 각 관청 사이의 주요 전달 사항이 실려 있었고 관청에서 베껴간 뒤에는 바로 폐기했던 공문서입니다. 당시 조정에서는 인목대비를 폐서인하려는 움직임이 벌어지고 있었습니다. 그 와중에 중국 사신들이 와 있었던 것이지요. 광해군은 정인홍鄭仁弘과 이이첨李爾瞻의 뜻에 따라 진행되던 폐비 논의가 중국에 알려질 경우 외교 문제로 비화할 것이 걱정되어 이와 같은 명을 내렸던 것입니다. 가뜩이나 형인 임해군을 유배 보낸 전후 명나라가 의심을 품고 사신을 보냈고, 그 사신에게 은銀을 뇌물로 바쳐 구슬리는 것이 상례가 되었는데, 폐모 논의마저 사신의 귀에 들어가면 안 된다는 구차한 이유 때문에 했던 명령이었을 뿐입니다. 이런 일을 영화에서는 모티브로 삼은 것입니다.

위 사례에서 보듯이 어떤 사실을 드라마나 영화로 만드는 것은 자연스러운 역사 소비 방식입니다. 그런데 사실에 대한 이해가 부족할 때 역사 소비는 왜곡이나 오류로 이어집니다. 이 주제는 3부에서 다시 자세히 논의하겠습니다.

그렇지만 번역, 아카이빙, 영화 등의 사례를 보면 통상 '역사'라고 부를 수 있는 영역이 매우 넓다는 것을 알 수 있습니다. 달리 말해, 역사를 기록-전달-이야기의 세 범주로 놓고 보면 우리가 '역사'를 얼마나 편협하게 이해하고 있는지 쉽게 이해할 수 있습니다. 특히 학교에서 배우는 역사는 이 가운데 일부, 극히 일부의 역사에 해당합니다. 이제 이 문제를 다루어보려고 합니다.

02

역사 사이의 괴리

국사:

편협해진 역사

　　　　앞의 범주 표에서 '정사正史'라고 한 역사서
가 있지요? 실록도 정사이지만, 여기서는 왕조, 나라 단위로 편찬
한 역사서를 정사라고 불렀습니다. 정사는 보통 한 왕조(나라)가
망한 뒤 후대 왕조가 편찬합니다. 조선시대 들어와『고려사』를 편
찬한 것이 바로 그것입니다.

　『고려사』는 139권 75책인데, 전체 구성은 세가世家 46권, 열전列傳
50권, 지志 39권, 연표年表 2권, 목록目錄 2권으로 되어 있습니다. 이
중 세가는 왕대별 연대기구요, 표表는 연표입니다. 열전은 왕비부
터 최충, 김부식 같은 주요 인물들의 전기입니다. 이 중 눈여겨볼
부분이 '지'입니다. 지의 내용을 자세히 살펴보면 다음과 같습니다.

　지志 : 천문天文(자연사), 역曆(달력), 오행五行(자연순환), 지리地理, 예禮(예
　제), 악樂(음악), 여복輿服(수레와 복식), 선거選擧(인사제도), 백관百官(관료

제), 식화食貨(경제사), 병兵(군사제도), 형법刑法

지志 부분을 보고 나니 어떤가요? 아마 그동안 역사에 좀 관심이 있던 분들은 금방 현대화할 것 같습니다. 이거 분야사 아닌가? 하고 말이지요. 그렇습니다. 물론 현재의 분야사와 등치시킬 수는 없지만 대체로 천문학사, 인문지리사, 문화사, 정치제도사, 경제사, 군제사, 법제사 등의 분야사에 해당합니다.

이렇듯 나의 삶에서도 그렇고, 나라나 문명사의 경우에도 역사의 다양한 차원과 범주가 있습니다. 그런데 막상 우리가 느끼는 '역사'의 범위는 위에서 살펴본 넓은 폭과 거리가 있는 것 같습니다. 이 말부터 하고 시작해야겠습니다.

역사를 만들고 그 속에서 살던 인간과, 역사를 배우는 인간 사이의 괴리가 크다.

이 괴리를 느끼는 것이 당연합니다. 우리가 어려서부터 배운 역사를 돌아보면 분명해집니다. 한국에서 역사학과는 서양사학과/동양사학과/(한)국사학과로 나누어져 있거나 '사학과'로 존재합니다. 중등교육의 역사과목은 (한)국사입니다. 이 과정에서 외국의 경우든 한국사회에 대한 역사든 역사=국사로 생각하도록 배웠습니다. 다음은 어느 대학의 커리큘럼입니다.

언어 및 방법: 한국사한문강독/한국사세미나/한국사특강/한국사논문 쓰기

시대사: 한국고대사/한국중세사/한국근세사/한국근대사/한국현대사/
한국독립운동사

분야사: 한국사학사/한국과학기술사/한국상공업사/한국근세사상사/
한국사회경제사/한국대외관계사/한국고대사상사/한국사와 멀티미디
어

역사적 존재로서 인간이 하는 '역사 활동'의 범위와 우리가 배
웠던 역사의 경험에서 느끼는 괴리가 여기서 그대로 드러납니다.
'(한)국사학과' 커리큘럼이니까 그렇다고 생각하시나요? 우리나라
에 (한)국사학과말고 또 무슨 학과가 있습니까? 사학과든 동양사학
과든 서양사학과든, 위의 커리큘럼에 '한국'이란 글자만 빼고 다 같
습니다. 쉽게 말해 현재 한국 역사학과는 역사교육 커리큘럼을 '국
민국가사國民國家史'로 한정하고 있는 것입니다.

기록의 생산, 전달, 이야기라는 '인간이 하는 역사 활동 영역'이
고려되지 않은 것은 물론입니다. 그 활동이 만들어낸 나의 일기,
가족사, 기업이나 종교단체 등 사회사, 각 지방의 지역사, 동아시
아 연계사 등을 다루지 않습니다. 그것을 전달하고 이야기하는 데
는 관심이 없습니다. '한국사와 멀티미디어' 같은 과목은 요즘 디지
털 환경을 무시할 수 없고 학생들의 수요가 있으니까 구색을 갖춘
것입니다.

우리가 살핀 역사의 세 범주 중에서 '이야기' 부분만, 그것도 '논
문'의 형태로만 생산되도록 가르치는 것이 현재 한국의 역사학계

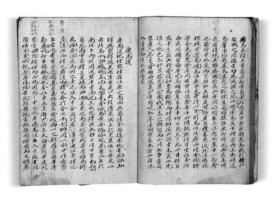

이중환의 『택리지』 필사본. 전국 8도의 지리와 지역성을 기록한 인문지리서가 이미 조선 시대부터 존재했음을 보여줍니다. 반면 현재 한국의 역사학계는 역사교육의 범주를 '국 사'로만 좁혀왔습니다.

입니다. 나머지 역사 영역은? 방치되어 있는 것입니다. 인간의 역 사는 100인데, 정규 중등·고등 교육에서 가르치거나 접하는 역사 는 10의 범위를 넘지 않는다면 역사가 재미있겠습니까? 그만큼 내 삶과 거리가 있고, 내 삶을 담아내지 못하고 있다는 것인데 말입 니다.

스테레오 타입
역사학과

　　　　　이 학교만이 아니지요. 전국 거의 모든 대학 의 역사학과(국사학과)는 고대사, 고려사, 조선사, 식민지 및 현대사로 되어 있습니다. 그렇지요, 오직 국사國史입니다. 서양사와 동양사 역시 국민국가사 또는 국민국가사를 모아놓은 지역사(예컨대 유럽사, 남미사)를 교육과정으로 하고 있습니다. 대학이 위치한 지역이나 규모의 차이, 이런 것은 전혀 반영되지 않습니다. 스테레오타입의 교과가 국민국가답게 전국적으로 운영되고 있습니다. 당연히 해당 전공 교수가 퇴임하면 그 자리에는 그 전공만 뽑습니다. '자리'니까요. 이렇게 해서 이 '국사' 교육 체제는 그대로 유지, 강화됩니다.

익히 알다시피 19세기 유럽 국민국가의 완성에 충실히 시녀 노릇을 했던 역사는 국민국가의 탄생과 유지에 기여했지만, 한편으로는 국민국가의 정체성에 방해가 되는 기억은 지워버렸습니다. 예를 들어, 제주(탐라)나 바르셀로나, 오키나와에 대한 기억은 대한민국이나 스페인, 일본이라는 국민국가의 정체성에 별 도움이 되지 않으므로 빨리 지워버리고, 국사가 보여주는 기억으로 대체해야 했던 것입니다. 정작 역사학은 현대사를 사회학과 인류학에 넘겨주었습니다.[10]

거듭 강조하지만 사람은 여러 차원의 역사를 만들며 살아갑니다. 가족의 역사는 누구에게나 나면서부터 만들어지는 것이고, 학교에 다니면 학교의 역사를 구성합니다. 종교 생활을 하는 사람은 교회나 절의 역사를 만들고, 또 자연스럽게 자기 고장의 역사를 만들기도 합니다. 그러나 국사는 가족사에 대해 '봉건적'이라는 굴레를 씌워 봉쇄합니다. 족보는 여러 역사의 일부이지, 타도 대상이 아닙니다. 그 외에 학교나 사회단체, 지역 등 사람들이 곳곳에서 만들어 가는 역사는 학교에서 배우는 '역사교육'의 대상에서 빠져 있습니다. 간혹 뜻있는 역사 선생님을 만나 동아리 활동으로나마 접하는 행운을 기다려야 하지요.

'역사-인간'의 몸은 일곱 색깔 무지개로 구성되어 있는데 굳이 빨간색이나 파란색으로 물들이려고 하면 잘 받아들여지겠습니까? 수능 시험, 공무원 시험 때문에 어쩔 수 없이 할 뿐입니다. 그러니 재미없지요. 그나마 공무원 시험도, 경상도나 충청도 공무원을 뽑는데 국사만 시험 보는 것은 타당성이 적습니다. 그 지역 공무원으로 근무해야 하니 경상도사나 충청도사를 절반 정도는 보게 해야 하는 것 아닌가요?

03

진보사관의 함정

'대문자 역사'와
진보사관

　　　　　근대 역사관 중 '진보' 관념은 매우 독특한
역사성을 지닙니다. 그것은 근대 '역사철학'의 소산이기 때문입니다. 근대 역사철학은 민족국가사[國史], 세계사 같은 '대문자 역사the History'를 발명해냅니다. 그것이 마치 뭔가를 향해서 가고 있는 듯한, 헤겔의 말을 빌면 '절대정신'이 구현되는 듯한 이미지로 나타납니다.

　역사의 다양한 측면을 어느 하나로 환원시키는 것이지요. 내 이름이 오항녕이라는 사실도, 해주 오씨 가문의 인물이라는 사실도, 전주대학교 구성원이라는 사실도, 인천 시민이라는 사실도 '국사' 앞에서는 의미가 없듯이, 생산력이나 정치참여의 확대라는 진보의 잣대 앞에 빈부의 격차, 환경의 파괴 등 다른 요소들은 밀려납니다. 국사 속에서의 오항녕은 오직 국민이라는 정체성으로만 등장합니다. 나머지 오항녕은 사라집니다. 나머지 오항녕의 경험이 담긴 사건은 비非사건이 되고 맙니다. 그러나 비非사건은 우리가 역사적이라고 의식하지 못할 뿐, 인정받지 못했을 뿐, 엄연히 역사성을 지닌 사건입니다.

개인만이 아닙니다. '역사 없는 민족'도 비슷합니다. "기록이 남지 않은 사람들은 역사가 없는 민족이고, 역사가 없는 민족은 열등한 인간이다"라는 말로 그들은 역사에서 지워집니다. 이들은 '세계사'에서 빠져 있습니다. '신대륙을 정복한 자들'의 눈으로 보면, 자신들 보기에 정복된 자, 즉 아메리카 인디언들은 역사에서 쫓겨나 벼랑 끝까지 내몰린 사람들입니다.

헤겔에게서 이런 경향은 극명하게 드러납니다. 그는 역사가 결핍된 인민 또는 민족은 문자가 없어서가 아니라 국가 차원에서 기록을 남기지 않았기 때문에 그러한 사람들의 역사는 기록할 것이 없다고 생각했습니다. '계몽되지 않은 아이들'입니다.[11]

이런 관점에서 국가와 역사는 같습니다. 19세기 국민국가의 형성과 함께 국사가 나온 것이고, 그 역사는 계몽주의의 진보를 구현하는 대문자 역사였습니다.

대문자 역사와 진보사관은 태생이 같습니다. 인류 역사가 자유를 향해, 민주를 향해 나아가고 있다는 생각을 가지고 있다면 영락없이 이 진보사관의 영향이라고 볼 수 있습니다. 그리고 우리는 대부분 이 진보사관의 영향 아래 있습니다.

초야권

소문

봉건사회를 설명하는, 그것도 명백히 근대사회의 합리성에 비추어 부도덕하고 저급한 육욕과 권력을 보여주는 증좌로 이용되었던 것이 '초야권初夜權'이라는 소재였습니다. 유럽 봉건제를 두고 하는 말이지만, 조선 양반사회를 설명할 때도 노비에 대한 주인 양반의 성적 수탈은 선정주의에 편승해서 연속극이나 영화의 소재가 되기도 합니다. 한때 초야권을 검색하면 대부분 봉건 영주의 영지 농노에 대한 성적 수탈의 증거로 등장했습니다. 다음을 보시지요.

세계 각지의 미개민족에서 볼 수 있는 습속이지만 중세 유럽에서도 영주領主가 농민의 결혼을 승인하는 조건으로 행사했다고 한다.[12]

그러다 학자들의 연구에 따라 허구였음이 밝혀지고 『브리태니커 백과사전』에도 그렇게 수록되었는데, 아직도 위의 사전처럼 제대로 알지 못하는 경우가 많습니다. 그래도 이제는 다음과 같이 수정되었습니다.

중세 유럽에 존재했다고 전해진다. 여러 원시사회에서도 이와 비슷한 관습을 찾아볼 수 있으나, 유럽에서 그러한 관습이 존재했다는 직접적인 증거는 거의 없다. 대부분의 증거는 영주의 초야권이 실제로 행사퇴었다는 기록이 아니라 봉신이 그것을 피하기 위해 지불한 몸값에 관한 기록들이다. (…) 영주의 초야권은 사실상 이러한 종류의 또 다른 세금을 징수하는 명목이 되었을 것으로 보인다.[13]

‘영주의 권리’라는 뜻의 프랑스어 ‘droit du seigneur’인 초야권은 숱한 편견을 만연시킨 채 허무하게 허구로 판명되고 있습니다. 중세 봉건사회는 농노가 영주 지배의 봉건 영지에 종속되어 있었기 때문에 인신人身 지배를 수반하는 경제외적 강제가 가능했습니다. 그 경제외적 강제의 한 양상을 그렇게 번역해서 퍼뜨린 것이지요. 아마 봉건제를 비판하려는 뜻이었겠지만, 역사를 왜곡한 셈입니다.

진보사관의
근대주의

근대 역사학은 ‘진보사관’이라고 부를 만큼 근대사회가 이전 시대와 달리 진보한 사회라고 생각하는 경향이 강합니다. 이는 근대주의라고 부를 만합니다. 나는 이렇게 정의합니다.

근대주의란, 사실과 가치 두 측면에서 근대를 목적론적으로 도달해야 할 시대로 설정하는 것이다.

사실의 측면이란 어느 사회나 적절한 과정을 거쳐 그곳으로 갈 수밖에 없다는 말입니다. 헤겔이 자유의 확대를 세계사의 발전과

정인 것처럼 설명한 것이 대표적인 사례입니다. 이는 1부에서 본 것처럼 속류 기계적 유물론자들이 생산력의 발전으로 원시공산제 → 고대 노예제 → 봉건제 → 자본제 → 공산제로 역사가 법칙적으로 발전할 것이라고 보았던 관점과 마찬가지입니다.

가치의 측면이란 자유와 평화, 인권의 실현을 위해 근대는 바람직한 시대라는 말입니다. 태생에 기초한 신분제를 해체하고 그로부터 해방된 사회라고 근대를 보는 관점이 대표적입니다. 분명 그런 점이 있지요. 마녀사냥으로부터 이성으로 인간의 사유가 합리화되고, 세습 신분에서 능력에 따른 출세가 가능한 사회로 변하게 되었다는 점에서 말이지요.

자유주의 경제학자 월트 로스토우Walt Rostow식 경제발전 5단계설이나, 스탈린 시대 속류 마르크시즘의 역사발전단계설 및 역사합법칙설 모두 이런 근대주의의 변형입니다. 그러면서 이전 시대와 위계를 설정하는 진보 관념이 자리를 잡습니다. 이 시대별 위계는 동시대의 문명사회와 비문명사회를 가르는 위계로 작동하고, 제국주의 침략을 정당화하는 논리가 됩니다. 이 진보 관념은 막강한 과학의 힘과 생산력이 뒷받침합니다. 이런 유의 사유 방식을 나는 근대주의라고 부릅니다.

물론 근대주의 역사학이라고 해서 다 같지 않습니다. 로스토우식 발전사관과 마르크스의 역사적 유물론이 같을 수는 없는 노릇입니다. 현실 합리화 수준이었던 전자와는 달리, 후자는 역사적 유물론·사회경제사학의 발달은 역사를 정치사, 그중에서도 뛰어난

개인이나 국왕을 중심으로 서술하던 한계를 극복하는 데 크게 기여했습니다. 개인에서 사회구조나 형태로 눈을 돌림으로써 인간의 역사적 조건을 이해하는 데 진전을 가져왔지요. 경제사나 사회사 연구가 활발해진 것이 그 예입니다.

그러면서 역사 발전의 동력을 주로 영웅이나 초월적 존재 또는 우연에만 맡겨버리던 타성에서 벗어나 생산하는 사람들, 곧 농민·민중을 포착하게 되었고, 노동·여성·제3세계 등의 역사를 새롭게 조명하기 시작했습니다. 내가 전공하는 조선시대사 연구에서도 이런 경향이 두드러지게 나타났지요. 사회와 경제구조, 농민의 운동, 변혁에 대한 연구가 늘어난 것은 바로 이런 역사학 발전의 징표였습니다. 역사학의 발전은 20세기 후반기 민주주의와 시민의식 성장의 결과이기도 했지만, 역으로 역사학이 그 성장에 기여하기도 했습니다.

식민지
트라우마

조선 문명의 역동성을 밝히려고 쓴 『조선의 힘』이 출간됐을 때, 어떤 선배가 물었습니다. "그런데 그런 나라가 왜 망했어?" 나는 대답했습니다. "건강한 사람도 죽어요!"

왜 제대로 유지되던 나라나 문명이 망하는 것이 이상할까요? 중국은 물론 세계 어디를 보아도 500년이 지속된 문명이나 왕조는 혼치 않습니다. 오래 산 것이 곧 그 인생이 존경받을 만했다고 볼 수 없듯이, 오래 지속된 문명이라고 해서 훌륭한 문명이라고 보기는 어렵습니다. 다만 그 지속된 힘이 무엇인지 탐구할 가치는 크다고 하겠지요.

세도정치 이후 조선은 이미 망할 때가 되었습니다. 그런 양상은 곳곳에서 나타나고 있었습니다. 동학東學 같은 활기찬 새로운 사상의 등장, 기존 신분제의 붕괴, 국가 관리체계의 와해 등이 그것입니다.

문명이나 나라가 망할 때 나타나는 양상은 사람이 죽을 때 나타나는 양상과 다를 바 없습니다. 시스템이 작동하지 않는 것이지요. 순환이 안 되고, 기획해야 할 머리가 제대로 명령을 내리지 못하고, 팔다리는 말을 듣지 않습니다. 그러니 에너지 공급도 안 되고, 시름시름하는 것입니다. 조선은 그러던 차에 사고를 당한 것입니다. 제국주의 침략이라는 사고지요. 그래서 저는 말합니다. **조선이라는 나라, 문명의 멸망은 자연사와 사고사가 겹친 사건입니다.**

돌아가실 때가 다 된 아흔 넘은 노인이 교통사고를 당했고, 병원에 입원했다가 운명한 것과 같은 경우입니다. 그러다 보니 사건의 원인을 놓고 진단이 엇갈립니다. 한 사람의 일이면 설명이 쉽습니다. 그러나 나라, 민족, 문명이 걸린 문제는 설명이 쉽지 않습니다.

이 사안을 조금 학구적으로 설명해보겠습니다. 조선사는 역사의 이행移行 문제와 맞물려 있었습니다. 더구나 덤덤한 이행도 아니고 식민지로의 전락이라는 '아픈 이행'을 설명해야 하는 과제에 역사학은 직면했습니다. 엄연히 조선은 식민지가 되었고, 그에 따라 '변명'은 둘 중 하나일 수밖에 없었습니다. 조선은 식민지가 될 수밖에 없는 이유 또는 필연성이 있었다고 주장하든지, 식민지가 아니라 자생적인 근대로 갈 수 있었다고 주장하는 것이었지요. 전자가 식민사관이라면, 후자는 민족사관 등 이른바 식민사관을 극복하겠다고 생각한 입장을 대변합니다. 다음 표를 볼까요?

식민사관과 반(反)식민사관 비교

식민사관	식민사관 비판	비판의 프레임
타율성	내재적 발전	진보사관
정체성	자본주의 맹아	자본 축적
성리학 공리공담	실학	계몽주의
사대주의	민족주의	국민국가
당쟁론	붕당론	정당론

무엇이 보이세요? 식민사관 비판의 프레임 역시 우리가 배워온 근대, 즉 서유럽의 근대 모델이었습니다. 기실 1, 2차 세계대전을 거치면서 진보사관은 본산인 서유럽에서도 막을 내린 지 오래고, 일부 자본주의 이데올로그들만 부여잡고 있을 뿐입니다. 조선사회 자본주의 맹아론의 근거로 제시했던 경영형 부농의 존재 등은 설득력을 잃었습니다. 성리학에 대한 대립 개념으로 출발한 실학은 아직도 개념을 잡지 못하고 있지요. 사대론事大論을 부정하려고 민족주의론을 들고 나왔지만 사대라는 동아시아 외교 방식은 엄존했기에 부정되지 않습니다. 또한 조선시대 정계에서도 붕당의 존

재에 대해 부정적이었기 대문에 붕당정치를 일반화하기는 어렵습니다.

결론적으로 식민사관에 대한 비판은 미흡했습니다. 아니, 애당초 저 논리로는 불가능했던 것이지요. 첫째 이유는 식민사관을 비판했던 논거와 담론이 식민사관의 연장인 서유럽 제국주의 프레임에 걸려 있었기 때문입니다. 둘째, 식민사관 비판의 실증적 근거나 프레임이 되었던 담론 자체에 오류가 있었기 때문입니다.

그런데 왜 이 부실한 논리와 오류투성이 사실들이 권력을 가졌을까요? 그것은 그 담론이 딛고 있던 물질적 토대, 즉 근대 과학(의학)과 자본주의 생산력 때문이었습니다. 거기에는 군사력도 포함됩니다. 마치 1920년대 식민지 백성이 뉴욕의 마천루에서 엠파이어스테이트 빌딩을 보았을 때의 압도감, 바로 그런 압도감에 굴복한 것입니다. 그것이 인류의 삶에 어떤 영향을 미칠지 고민할 틈이 없었습니다.

이러다 보니 덮어씌우기의 오류를 범합니다. 상이한 삶의 양식과 구조가 작동하던 조선사회를 아예 서유럽 근대 모델로 포맷한 것입니다. 역사공부의 첫번째 단계를 생략합니다. '그 사회가 어떻게 생겼는가, 어떻게 작동했는가' 하는 질문을 생략합니다. 그걸 건너뛰고 바로 조선사회 또는 문명에서 근대적 요소를 발굴해내는 데 주력하기 시작합니다. 거기에 안타까운 조바심이 가세하면서 사회구성체의 복합성과 역동성은 쉽게 경제주의로 환원되었고, 상부구조와 토대의 조합에 따른 다양한 사회형태에 대한 탐구는 토대결정론으로 좌초되었으며, 역사 전개의 다양성은 역사적 합법칙성이라는 사이비 보편사pseudo-universal history에 휩쓸렸습니다. 근대를 전제로 해서만 의미를 갖는 조선사 연구가 된 것이지요. 내가 말하는 역사학의 근대주의입니다. 사회구성, 구조, 민중, 농민 등의 키워드로 상징되는 발전된 성과를 담은 역사학은 넓은 평원을 놓아두고 돌아 나가기도 힘든 골목길로 찾아든 셈이라고나 할까요?

'우리'와 '저들'의
이분법

이렇게 된 배경에는 독특한 역사관이 자리 잡고 있습니다. 문명과 야만이라는 19세기 이래의 서양 중심 시각입니다. 자본주의의 발달과 함께 서양 식민주의자들은 문명文明을 자신들의 자아의식으로 삼고, 세계를 자신들의 시각으로 포맷하기 시작했습니다. 우리가 아는 문명이란 말은 19세기에 발명된 개념입니다.[14]

서양 유럽이 세계사적 진보운동의 선봉에 서 있다는 의식입니다. 이것이 세계를 인식하고 해석하는 관점인 오리엔탈리즘Orientalism으로 이어집니다.[15]

이반 일리치에 의하면 이러한 오리엔탈리즘을 산업사회 특유의 이분법으로 전세계에 퍼뜨렸다고 합니다. 그 중심에는 '개발development'이 있습니다. 그리고 이런 이분법이 완성되기까지의 과정

을 여섯 단계로 정리했습니다.[16]

첫째, 서양 이외의 '이방인'을 불쌍하게 보며 구원하겠다는 사명감.

둘째, 우상숭배자들을 기독교 세계 안으로 끌어들이는 임무의 수행.

셋째, 개종하지 않는 자들을 이교도로 보는 관점의 형성.

넷째, 이교도는 인본주의를 위협하는 미개인이라는 시각.

다섯째, 미개인에게 문명이 필요한 원주민이라는 명칭의 부여.

여섯째, 원주민을 개발이 필요한 저개발 지역민으로 탈바꿈시키기.

어떤가요? 19세기 이래 전세계적인 양상이었던 자본주의의 팽창, 즉 제국주의와 식민주의는 이런 과정을 통해 진행되었습니다. 적어도 봉건시대 이래 쌓여온 이런 서유럽의 역사 속에 뿌리를 두고 있습니다.

다시 역사학 원론을 생각해보겠습니다. 역사는 인간의 경험입니다. 경험이란 다시 그렇게, 또는 비슷하게 할 수 있는 가능성을 내포합니다. 왜냐하면 인간이라는 종種의 생물학적 특성은 4만 년 전이래 거의 변하지 않았기 때문입니다. 그러므로 그 생물학적 종이 보여주는 욕망의 양식도 그다지 변하지 않을 것이기 때문입니다. 부정적인 경험은 내려놓아야 할 것이고 긍정적인 경험은 살려내야 할 것입니다. 이런 지점을 확인하는 것이 왜 중요할까요?

첫째, 근대주의는 조선 문명을 역사적 경험으로 바라볼 가능성을 봉쇄했습니다. 오히려 국문학, 한문학 등 인접 분야에서 근대주의적 편견 없이 연구한 성과가 꽤 있습니다. 물론 거기에도 근대주의에 오염된 글들이 있지만, 역사학에서는 특히 조선시대 경험 가운데 대부분 근대로 귀결될 수 있는 것만 다루곤 했습니다. 이런 식의 논리는 결과론으로 빠지기 쉽습니다. 실제 그렇게 되었구요.

둘째, 우리가 살고 있는 근대를 비판할 수 있는 경험으로서의 조선 문명의 가치가 무시되었다는 점입니다. 더 이상 미래를 위해 끌어올 수 있는 경험으로 조선 문명을 생각하지 않게 됐지요. 오히려 반대 현상이 생겼습니다. 흔히 조선 문명의 어떤 측면을 긍정적으로 평가하면, 곧 과거로 돌아가자는 것이냐고 반문합니다. 바보가 아닌 이상, 드라마가 아닌 이상 누가 다시 조선시대로 돌아갈 수 있다고 생각하겠습니까?

역사를 공부한다는 것은, 현재 우리의 삶에 이러저러한 문제나 불합리가 있는데, 그걸 다른 방식으로 해결한 사회의 경험이 있다면 거울삼아 살펴보자는 것이 아니겠습니까? 이렇듯 역사공부 본연의 가치가 조선 역사에 관한 한 과거의 얼음장 속에 갇혀 있다고 할 수 있습니다.

이것이 한국사를, 특히 조선시대를 연구하는 역사학자들이 봉착한 현주소입니다. 역사학자들이 골목길에서 오도 가도 못하는 가운데 조선시대를 연구하는 다른 학문 분과들은 평원을 누비고 있는 것이 다행스럽다고 할까요? 하긴 역사 연구가 역사학과만의 전유물이 된 것은 근대의 현상, 즉 언젠가 사라질 역사적인 현상이니까 당연한 일이기도 합니다만.

진작부터 식견 있는 학자 사이에서는 근대(현대)가 사실과 가치 두 측면에서 목적론적으로 설명될 수 없다는 견해가 제기되기 시작했습니다. 지구상의 극히 일부만이 근대로의 길을 갔고, 대부분의 지역에서 근대는 노예 또는 식민지라는 폭력적 상황 속에서 다가왔습니다. 아니, 근대로 이행한 그 일부 지역에서조차 비슷했습니다. 자본을 탄생시킨 농민층 분해는 정말 농민들의 신체를 분해하는 강도로 진행되었고, 살인적인 아동노동·여성노동까지 강요했으며 지금도 하고 있으니까요.

가치의 측면에서 근대가 더 이상 가야 할 유토피아로 남아 있지 않다는 점은 굳이 설명할 필요조차 없을 것입니다. 근대주의자들이 그렇게 선전하던 신분 해방은 계급 대립으로 대체되었음이 드러났고, 자유는 토지와 생산수단으로부터의 자유, 즉 박탈이 본질임이 드러났습니다. 그리하여 '자유로운 인간'이란 노동력만 팔 수 있는 자유를 가진 인간, 노예나 농노가 이용할 수 있던 공유지公有地 등 최소한도의 안전망조차 없이 '다른 인간이나 사회의 보호로부터 자유로운 인간'을 의미했음이 드러났거든요. 그리고 인류 문명 사상 처음으로 곡식 재배와 물품 생산이 인간을 위해서가 아니라 돈을 벌기 위해서 이루어지는 세상이 이른바 '진보된 근대'임이 드러났구요.

물론 정책이나 태도로 조정할 수 있는 근대의 많은 성과들이 있습니다. 자본주의의 성과를 토대로 물질적 삶을 공평하게 누릴 수 있는 조건을 확보했지요. 대중의 지혜를 빌릴 수 있는 제도와 기술은 정치의 민주화에 훨씬 기여할 가능성이 커졌습니다. 그만큼 '역사-인간'이 할 수 있는 활동 영역도 넓어졌다는 의미일 겁니다.

하지만 근대의 성취를 있는 그대로 인정하더라도 현실은 아직 어둡습니다. 역사학도의 입장에서 볼 때, 현재 역사학과의 위기는 예견되어 있었습니다. 근원적으로 보면 현대 문명의 오만이기는 하지만, 역사학 역시 '진보사관'과 '근대주의'의 오만 속에서 협애해졌습니다. '고대-중세-근대'라고 부르는 순간 작동하기 시작하는 진보사관과 근대주의는 사실 역사학의 무덤을 파는 일이었던 것이지요. 사실과 가치 두 측면 모두 현재의 삶이 지고至高의 것으로 받아들여질 때, 누가 지난 경험을 진지하게 현실로 끌어오겠습니까? 과거 또는 경험은 기껏해야 옛것을 좋아하는 취미로 전락할 뿐입니다. 마치 지금 사극史劇이나 유사 역사평론이 역사학을 대신하듯이 말이지요.

실제로 그런 일이 일어나고 있습니다. 사료비판과 검증, 논리를 갖추지 못한 책들이 역사대중화의 탈을 쓰고 합리화되고 있습니다. 역사 소비자들은 그런 책들이 정상적인 사료 처리 과정을 거친 줄 알고 그대로 수용하고 있는 현실입니다. 그래서 나는 다음과 같이 말한 적이 있습니다. 그러나 그렇게 되지 않았으면 좋겠습니다.

20세기 '근대' 역사교육이 들어선 이래 지금까지, 역사학은 근대주의에 입각한 진보사관을 통해 역사학의 바탕인 과거의 경험을 부정했고, 국민국가사로 자신의 정체성을 제한하면서 역사학의 문채文彩를 지웠다. 게다가 역사학이 해줄 수 있는 풍부한 일, 즉 자료 발굴과 정리, 번역, 해설의 책무는 한갓 허드렛일로 버려두고 줄곧 국사 논문만 요구했다. 시간의 문제일 뿐, 현재의 역사학을 반성하지 않으면 역사학과는 차례차례 망할 것이다. 왜 망하는지도 모른 채.[17]

3부

기억, 기록 그리고 시간의 존재

원래 인간의 기억은 불완전하고 불안정합니다. 그래서 기록을 통해 기억을 얼려둡니다. 잘 기억하고 기록하는 것이 역사공부의 첫걸음입니다. 기록으로 남은 구멍 뚫린 사실을 놓고 각각 관심에 따라 어떤 역사 주제를 탐구하고 해석합니다. 해석의 기초는 사실이고, 객관은 주관의 열정을 통해 빛을 발합니다. 이렇게 얻어진 풍부한 시대성이 담긴 이야기, 바로 역사의 세계입니다. 3부에서 다룰 명제는 아래와 같은 것들입니다.

기억과 기록은 검증되어야 한다.
사실과 해석, 주관과 객관은 배타적이지 않다.
시대성이 담긴 이야기가 역사이다.

0I

기억과 망각의 이중주

사라지는
기억

"퇴근을 한 번에 한 적이 없어요."

동료 한 분이 얼마 전 한 말입니다. 나는 처음에 듣고 무슨 말인지 몰랐습니다. 여러분은 무슨 말인 거 같습니까? 아시겠어요? 네, 그렇습니다. 물건이나 할 일을 두고 퇴근하는 일이 잦다보니, 매번 퇴근길에서 되돌아온다는 말입니다. 그러니 여러 번 퇴근을 하는 셈입니다. 재미있는 말이지만, 나에게는 심상치 않게 들렸습니다. 나도 그렇거든요. 날짜별로 처리할 일을 일기장에 적어놓고, 처리한 뒤에는 아래처럼 줄을 긋습니다. 이렇게 하지 않으면 분명 빠트리는 일이 생깁니다. 이 기록들이 모이면 자연스럽게 일지日誌가 됩니다.

을미년(2015) 12월 3일 목요일
* 사천대 주반 교수 편지

* 존재집 최종 인쇄 교정

* 완산고 교지 인터뷰

* 강원교육청 인문학캠프 소감(A4 1장 정도)

을미년(2015) 12월 13일 일요일

* 한역연 역사와현실 ~~100호~~ 필자회의(~~12/15, 계획서 1장~~)

* ~~12월 16일~~ 전북 역사교사 특강 자료

* 한국사학사학보 심사 : 병자호란/시간관

    퇴근을 두 번 이상 하는 일은 노화_{老化}의 증세입니다. 나처럼 어렸을 때부터 연도나 이름 외우는 일에 콤플렉스가 있는 사람도 있지만, 대개 젊었을 때는 잘 기억하다가 나이가 먹어가면서 기억력이 쇠퇴합니다. 안 좋은 일은 잊고 너그러워지라는 뜻인가 봅니다.

    이는 역사학도의 입장에서도 매우 흥미로운 주제입니다. 우리는 잊지 않으려고, 기억을 잡아두기 위해 기록하기 때문입니다. 여기서 역사학도는 과학의 도움이 필요합니다. 과학은 우리가 자주 잊는 이유, 기억이 안정적이지 않은 이유를 가르쳐주었습니다. 우리는 흔히 어떤 일이 '기억난다'고 말합니다. '그래, 우리 전에 만났었지?' 하며 기억을 떠올리지요.

    이 떠올림이 문제입니다. 이 떠올림이 창고에 있던 물건을 꺼내오듯이, 머릿속 어딘가에 있던 기억을 꺼내오는 것이 아니라는 말입니다. 다시 말해, 뭔가 기억이라는 실체가 있어서 그것을 테이프 돌리듯 재생하는 게 아니라, 기억은 그때그때 재구성되는 것입니다.

매번 달라지는 기억

다른 사람의 경험을 말로 받아 적어 기록하는 구술사口述史라는 영역이 있습니다. 앞서 역사의 세 범주에서 살펴보았듯이, 우리는 해당 경험을 전후하여 기록이나 흔적을 남기는데, 그러지 못하고 머릿속에 기억했던 것을 나중에 떠올려야 할 경우가 있습니다. 특히 6·25전쟁 같은 경우, 누가 그때그때 다 기록을 남길 수 있었겠습니까? 이런 상황에서는 나중에 그 사건을 겪은 분들의 경험을 받아 적는 과정을 거쳐 역사를 복원하기도 합니다.

구술사는 역사가들이 듣는 것과 역사가들이 말하거나 쓰는 것 둘 다를 의미합니다. 구술사는 역사가가 자료를 제공하는 구술자와 인터뷰를 하면서 만나는 동안에 함께 만들어집니다.[1]

이는 하나의 연행演行, 연극의 상황이기도 합니다. 그래서 구술사를 구술 연행Oral performation이라고 합니다. 구술자의 생애 기억이 언어를 통해 연출되는 것입니다.[2] 구술사 연구에서 제기되는 문제 중 하나는 기억의 불안정성과 신뢰성 문제입니다. 인간은 자신을 합리화하기 마련이고 불리한 진술은 꺼리거든요. 그러나 이런 의

도성 말고도 우리의 기억은 그 자체로 불안정하고 사실과 다르게 기억하곤 합니다.

기억이 달라지는 이유는 과학적으로 설명할 수 있습니다. 우리가 말하는 생물학적 현상으로서의 기억은 단기기억과 장기기억이 있습니다. 단기기억이란 작업기억working memory이라는 말로도 부릅니다. 언뜻 단기기억은 컴퓨터를 사용할 때 메모리라고 부르는 램RAM에, 장기기억은 하드디스크HDD에 해당하는 것처럼 생각될지도 모릅니다. 그런데 그렇게 이해하면 안 됩니다.

컴퓨터의 메모리는 컴퓨터를 켜고 문서든 그래픽이든 작업을 할 때 중앙처리장치에서 불러오는 것입니다. 즉 뭔가 CPU에 저장되어 있는 것을 있는 그대로 다른 사이버 공간으로 가져오는 것이지요. 그러나 우리의 머릿속에서 일어나는 단기기억과 장기기억은 꺼내오는 것이 아니라, 재구성되는 것입니다. 129쪽 그림을 참고하면서 살펴보겠습니다.[3]

먼저 단기기억에 대해 알아볼까요? 어떤 기억할 만한 사건을 겪으면 뇌세포는 세로토닌이라는 화학물질을 시냅스(신경전달부위)로 방출합니다. 세로토닌이 시냅스 틈새를 건너 건너편 뇌세포에 있는 수용체와 결합합니다. 이런 과정을 통해 두뇌세포를 연결하는 시냅스가 강화되고 그것이 곧 단기기억을 형성합니다.

한편 장기기억은 단순히 단기기억의 축적이 아닙니다. 둘 사이에는 해부학적 차이가 있습니다. 흔히 여러 번 복습하면 그 반복학습을 통해 학습효과가 높아진다고 말하듯이, 기억이 반복되면 뇌

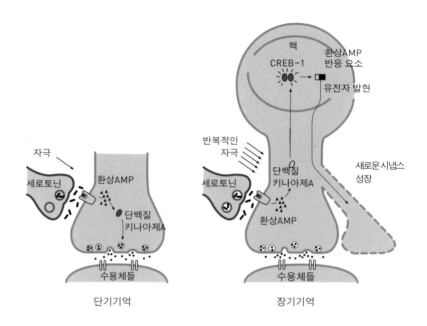

〈그림〉분자생물학에서 본 단기기억과 장기기억의 형성

단기기억   장기기억

세포의 유전자가 작동하면서 새로운 시냅스가 성장합니다. 이것이 단기기억의 작용으로 설명했던 '시냅스를 강화한다'는 것과의 차이점입니다. 그러니까, 단기기억과 장기기억은 서로 다른 메커니즘 속에서 형성되는 것이지요.

이를 연구하는 분자생물학자들도 '기억 저장'이라는 표현을 씁니다. 그 '저장' 자체가 '뇌세포 조직의 재구성'이라는 점에서, 창고 물건을 그대로 꺼내오는 게 아니라 창고에서 물건을 재구성해서

가지고 나오는 겁니다. 심지어 물건을 보관하는 창고조차 계속 재구성됩니다. 그러므로 애당초 기억 저장은 어떤 실체가 아니라 과정이라는 의미입니다. 그렇기 때문에 우리의 기억은 언제나 다를 수밖에 없는 겁니다.

기억의 망각과
왜곡

기억이 단기기억과 장기기억으로 구성되는 한편, 기억은 필연적으로 망각·왜곡을 수반합니다. 우리가 흔히 '잊는다'고 하는 망각 현상도 한 가지가 아닙니다. 망각은 기억이 빠져 나가버림으로써 생기는 현상입니다.

기억의 망각 현상

망각의 종류	증상
소멸(transience)	시간이 지나면서 기억이 흐려지거나 손실되는 경우. 1년, 10년이 지난 후에는 똑같은 사건을 기억할 확률이 낮아진다. 가장 기본적인 망각 방식.
정신 나감(absent-mindedness)	주의(注意)와 기억 사이의 접촉에 이상이 생기는 현상. 열쇠나 안경을 어디 두었는지 못 찾거나 저녁 약속을 깜빡 잊는 일 등.
막힘(blocking)	어떤 정보를 필사적으로 인출하려고 하지만 그것이 불가능한 경우. 분명히 낯익은 사람인데 이름이 떠오르지 않고 입에서 맴도는 안타까운 경험.

한편 기억이 누락되거나 빠져버려서 생기는 망각과는 달리, 기억을 하긴 하는데 잘못 기억하거나 원하는 데이터가 아닌 기억이 있습니다. 일종의 왜곡 현상입니다.

기억의 왜곡 현상

왜곡의 종류	증상
잘못된 귀속 (misattribution)	잘못된 출처에 기억을 할당하는 것. 환상을 사실이라고 착각하거나 신문에서 본 것을 친구가 한 말이라고 잘못 기억하는 것.
암시 당하기 (suggestibility)	과거 경험을 상기하려고 할 때 유도 질문이나 추가 설명, 암시의 결과 새롭게 생겨난 기억.
뒤틀림(bias)	무심코 과거의 경험을 현재 알고 있는 믿음에 비추어 수정하거나 다시 쓰는 경우.
지속(persistence)	마음속에서 다 사라져버리기를 원하는 고통스러운 사건이 반복해서 떠오르는 경우.

특히 앞의 '잘못된 귀속' '암시 당하기'의 경우, 만약 법정 증언에서 이런 일이 생기면 치명적인 위증이 되거나 피의자를 난감한 상황에 몰아넣을 수 있겠지요. 헤어진 연인은 과거를 아름답게 기억하는 경우가 드물고, 술꾼은 알코올중독의 혐의를 피하기 위해 자신은 친구 만나는 자리가 좋아서 술을 마신다고 합리화합니다. '뒤틀림'입니다.

문제는 '지속'입니다. 우리도 그런 경험이 있지요. 어릴 적 높은 데서 떨어질 뻔했던 무서운 기억이 커서 잠자리에 들었을 때 불현 듯 고개를 내민다든지, 답안을 한 칸 내려써서 시험을 망친 기억으로 몸서리를 치는 경우가 이것입니다. 심하면 우울증이나 트라우마로 남아 무기력해지거나 생명까지 위험해질 수 있습니다.[4]

이렇게 잘못된 기억이 증언이나 기록으로 남고, 이것이 역사자료로 활용된다면 어떻게 될까요? 자연스럽게 역사의 오류를 낳거나 왜곡으로 이어지리라 쉽게 짐작할 수 있습니다. 멀리 갈 것 없이 실험 하나 해볼까요? 학생들과 자주 하는 실험입니다.

기억 변형 실험:
오류와 왜곡

자신이 겪었던 일 하나를 떠올려서 그걸 적어보는 겁니다. 사소한 일이든, 중요한 일이든 상관없습니다. 기억할 만한 어떤 사건을 A4용지에 적어봅니다. 양도 상관없습니다. 그리고 같은 사건을 한 주나 한 달 뒤에 다시 적어봅니다. 그리고 비교해봅니다. 간단하지요? 전에 나의 기억을 대상으로 했던 실험을 보여드릴게요. 사소하다고 흉보시지 말기를! 먼저 이해를 돕기 위해 간단한 에피소드를 곁들입니다.

〈상황〉
전주대학교에서 매주 목요일 아침 7시에 세미나를 합니다. 학생과 시민이 함께하는데, 10명 정도 참여합니다. 이번에는 여섯 달 동안 역사학자 하워드 진의 『미국민중사』(유강은 옮김, 2008)를 읽었습니다. 역사성을 보여주기 위해 어떻게 사료를 이용하는지 등 역사학의 기초적 질문에 대한 대답에서부터 미국사에 대한 우리들의 선입견을 반성하게 만들어주는 깨달음을 얻는 시간이었습니다.

그런데 아침 시간 세미나라서 끝나고 멤버들끼리 식사도 변변히 못했습니다. 세미나가 끝나면 직장으로, 강의실로 가야 했기 때문입니다. 그래서 책거리를 겸해 모처럼 식사를 함께하기로 했습니다. 학교 근처 맛있는 '강고집 설렁탕'에 갔습니다. 〈기억1〉은 그날 있었던 일을 떠올리며 일기장에 쓴 내용이고, 〈기억2〉는 3주 뒤에 이를 기억해서 다시 쓴 것입니다.

〈기억1〉

오: 뭘 먹을까? 각자 좋은 거 시키지요.

학생 1: 전 설렁탕이요.

학생 2: 저두요.

학생 3, 4, 5: 저두요.

오: 회비 얼마 남았나?

학생 4: 오늘 잊고 안 가져왔어요.

오: 그럼 오늘 내가 내지. 난 꼬리곰탕.

학생 1: 그럼 저도 꼬리곰탕이요.

학생 2: 저는 불고기뚝배기요.

학생 3: 저는 갈비탕이요.

학생 4, 5: 저희는 그냥 먹을래요.

오: 내가 낸다니까 비싼 거 먹는 건가?(참고로 설렁탕 7000원, 갈비탕 8000원, 불고기뚝배기 1만 원, 꼬리곰탕 1만2000원입니다. 그리고 점심 때, 이 일에 대한 대화가 이어집니다.)

오:(아침 일을 쭉 설명하고) 글쎄 인간들이 말이야, 내가 낸다니까 비싼 걸로 바꾸더라구. 참내!

학생 4: 저는 안 바꿨어요. 저하고 학생 5는요.

오: 그랬나? 그럼 바꾼 게 누구지?

〈기억2〉

오: 뭘 먹을까? 난 꼬리곰탕.

학생 1: 전 설렁탕이요.

학생 2: 저두 설렁탕이요.

학생 3: 저두요.

오: 회비 가져왔나?

학생 4: 깜빡 잊고 안 가져왔는데…….

오: 그럼 오늘 내가 내지.

학생 1: 그럼 저도 꼬리곰탕이요.

학생 2: 저는 불고기뚝배기요.

학생 3: 저는 갈비탕이요.

학생 4: 저는 그냥 설렁탕이요.

오: 다른 사람이 낸다니까 비싼 거 먹는 건가?

(점심 때 나눈 대화는 기억에 희미했습니다. 대신 나는 아래처럼 코멘트를 달았습니다.)

"남이 낸다니까 비싼 걸 시켰는데, 그건 그렇다 치고. 정말 비싼 것이 먹고 싶었던 걸까? 정말 비싼 게 맛있는 걸까? 비싸니까 맛있다고, 먹고 싶었던 거라고 생각하는 거 아닐까? 혹시, 가격과 맛의 소외疏外?"

〈기억1〉과 〈기억2〉의 차이는 두 가지입니다. 첫째, 사실에 대한 기억에서 크지는 않지만 대화 내용이나 순서가 다르게 나타나고, 어떤 부분은 기억에서 지워졌습니다. 심지어 〈기억1〉은 같은 날 있었던 사실에 대해서도 기억이 다르게 나타나고 있음을 보여줍니다. 둘째, 〈기억2〉에서는 〈기억1〉에 없었던 사실에 대한 해석이 덧붙여졌습니다.

첫번째, 사실 차이. 만일 기억이라는 것이 창고에서 물건 꺼내듯 저장되어 있는 무엇을 꺼내오는 행위라면 적어도 그 사실에 대한 나의 기억은 같아야 합니다. 아예 빼먹는 건 상관없습니다. 왜냐하면 물건을 잃어버릴 수 있듯이 기억도 없어졌다고 보면 되기 때문이지요. 그런데 사실을 기억하긴 하는데 그에 대한 표현이 달라진다면 기억이 불변의 실체가 아닌 구성되는 것이라는 견해를 뒷받침하는 사례가 될 수 있습니다.

그럼에도 불구하고 아침을 설렁탕집에서 먹었고, 그 식사비를 누가 지불했고, 누구는 뭐 먹었고, 하는 몇몇 사실은 그대로 남습니다. 다시 말해 기억이 구성되면서 달라져도 여전히 남는 사실들이 있지요. 그러나 남는 사실 또한 과연 언제까지 그대로 남아 있을까요? 바위도 닳듯이, 세월이 지나면 그 남은 사실조차 기억에서 풍화되어가지 않을까요? 이 문제는 지금 답하기 어렵습니다. 역사는 미래를 예측하는 것이 아니니까요.

두번째, 〈기억2〉에서 덧붙여진 해석의 문제는 마당을 바꾸어 따져봐야 하겠습니다. 해석은 사실에 바탕을 두고 이루어지지만, 그렇다고 사실은 아니니까요. 첫번째 문제인 기억의 재현이라는 주제와는 성격이 다릅니다.

02

사실과 해석

역사는 사실의 기록이자
해석의 기록

　　　　앞서 〈기억2〉에 붙은 해석에서 우리가 확인
한 것은, 사실에 대한 기억만이 아니라 그 사실에 대한 해석도 생
길 수 있다는 겁니다. 그 해석도 달라질 수 있으며 다양할 수 있습
니다. 〈기억1〉에 해석이 없는 것이 아닙니다. 점심시간의 대화를
보면, 나는 〈기억1〉의 사실을 두고 인간의 이기심의 표현으로 해석
하고 있음을 알 수 있습니다. 남이 사준다니까 비싼 걸 먹는 이기
심 정도에서 그쳤던 해석이 〈기억2〉에서는 그 이기심보다 맛이나
기호조차 가격에 의해 표현된다고 믿는 화폐의 물신성物神性으로 해
석이 옮겨가고 있었던 것입니다.

　역사는 사실의 기록이기도 하지만 해석의 기록이기도 합니다.
사실과 해석이 겹쳐져 애매한 경우도 있지만, 사람들은 여전히 사
실과 해석을 나누는 것을 보면 둘은 엄연히 다름을 알 수 있습니다.
동아시아의 역사학 전통에서는 가급적 사실과 해석을 나누어 기술

했습니다. 말하자면, 백이伯夷와 숙제叔齊에 대한 사실을 쭉 기록하고, 끝에 '태사공왈太史公曰'이라고 하여 자신의 해석, 즉 사평史評을 적어놓은 사마천司馬遷의 경우가 대표적입니다.

어떤 사람은 '하늘의 길은 특별히 친한 자가 없으며, 항상 좋은 사람과 함께 한다'고 한다. 백이와 숙제 같은 사람은 정말 좋은 사람이라고 할 수 있지 않겠는가? 이처럼 인仁을 쌓고 깨끗한 행동을 하였는데 굶어 죽고 말다니! 70명의 제자 중에서 공자는 안회顔回만이 배우기를 좋아한다고 칭찬하지 않았던가? 그러나 안회는 굶기 일쑤였고 술지게미조차 배불리 먹지 못한 채 젊은 나이에 죽고 말았다. 하늘이 착한 사람에게 보답하여 베푸는 것이 어찌 이럴 수 있는가?
도척盜跖은 매일 죄 없는 사람을 죽이고 사람의 고기를 먹었으며, 흉폭한 행동을 제멋대로 하면서 수천의 무리를 모아 천하를 횡행했지만 결국 천수를 누렸다. 그가 무슨 덕을 따랐기 때문이란 말인가? (…) 나는 당혹감을 금치 못하겠도다! 도대체 이른바 하늘의 도라는 것은 옳은 것인가, 그른 것인가? [5]

흉노를 공격하러 갔다가 포로로 잡힌 뒤, 한나라 조정으로부터 배신했다는 모함을 당한 이릉李陵을 변호하던 사마천은 궁형宮刑을 당했습니다. 조정에서 아무도 변론하지 않는데 혼자 나서서 변론하다가 그리된 것입니다. 누구는 이를 '어쩔 수 없는 것을 어쩔 수 없다고 말하지 못하는 사람'이라고 했습니다.[6]

사마천은 백이, 숙제에게서 자신을 보았을 겁니다. 사평(해석)을 덧붙이는 방식은 우리에게도 익숙합니다. 이미 〈기억2〉에서 보다 시피 우리가 일기 쓰면서 노상 쓰는 방식입니다. 실록에도 이런 방식을 취했습니다. 다음 기록을 볼까요?

사신史臣은 말한다. 도적이 성행하는 것은 수령의 가렴주구 탓이며, 수령의 가렴주구는 재상이 청렴하지 못한 탓이다. 지금 재상들의 탐오가 풍습을 이루어 한이 없기 때문에 수령은 백성의 고혈膏血을 짜내어 권세가를 섬기고 돼지와 닭을 마구 잡는 등 못하는 짓이 없다. 그런데도 곤궁한 백성들은 하소연할 곳이 없으니, 도적이 되지 않으면 살아갈 길이 없는 상황이다. 그러므로 너도나도 스스로 죽음의 구덩이에 몸을 던져 요행과 겁탈을 일삼으니, 이 어찌 백성의 본성이겠는가. 진실로 조정이 청명하여 재물만을 좋아하는 욕심이 없고, 수령을 모두 한漢나라 때 훌륭한 관리인 공수龔遂와 황패黃霸 같은 사람을 선발하여 임명한다면, 칼을 잡은 도적이 송아지를 사서 농촌으로 돌아갈 것이니, 무엇하러 이토록 심하게 기탄없이 살생을 하겠는가. 만일 그렇게 하지 못하고 군사를 거느리고 추적하여 잡으려고만 한다면 아마 잡는다 해도 또 뒤따라 도적이 일어나 결국 장차 다 붙잡지 못할 지경에 이르게 될 것이다.[7]

사초를 쓰고 관리하는 사관史官의 이 평론은 조선 명종明宗 때 쓴 것입니다. 당시 도적이 조정의 현안이 되었는데 그 도적은 바로 임껵정이었습니다. 우리에게는 벽초 홍명희의 소설 『임껵정』으로 더 알려져 있습니다.

벽초의 『임껵정』:
반봉건 투사?

　　　　　　　『임껵정』을 처음 읽는 사람은 도대체 임껵정이 언제 나오느냐는 말을 합니다. 실제로 『임껵정』에서 임껵정은 2권이나 되어야 조금 나오지요. 그래서 불만인 사람도 있다고 합니다.

임껵정은 조금 나오지만 1~3권이야말로 벽초의 진면목이 유감없이 드러나는 『임껵정』의 진수라고 나는 생각합니다. 지금까지 본 중종~명종 시대사 중에서 벽초의 서술이 가장 정확했습니다. 조선 전기사 강의시간에는 학생들에게 이 『임껵정』 1~3권을 읽고 레포트를 제출하라는 과제를 내기도 했습니다.

『임껵정』은 미완의 소설입니다. 그런데 어떤 분들은 『임껵정』의 뒷이야기를 두고 '농민 저항의 지도자 임껵정이 봉건체제에 대항해서 싸우다가 마침내 꺾이는 과정, 그의 좌절과 죽음이 남은 이야기'라고도 추론합니다. 『임껵정』을 '봉건체제에 대항한 농민 저항'으로 보는 셈입니다. 나는 동의하지 않습니다. 정말 『임껵정』을 읽었다면 그렇게 말하기 어렵습니다. 그런데 정작 오해의 원인은 벽초 자신이 제공했습니다.

임꺽정이란 옛날 봉건사회에서 가장 학대받던 백정 계급의 한 인물이 아니었습니까? 그가 가슴에 차 넘치는 계급적 해방의 불길을 품고 그때 사회에 대하여 반기를 든 것만 하여도 얼마나 장한 쾌거였습니까? 더구나 그는 싸우는 방법을 잘 알았습니다. 그것은 자기 혼자가 진두에 나선 것이 아니고 저와 같은 처지에 있는 백정의 단합을 먼저 꾀하였던 것입니다.[8]

벽초의 말입니다. 이 말과는 달리 조선이 '봉건' 사회가 아니었다는 얘기는 접어두겠습니다. 도대체 언제 임꺽정이 '백정의 단합'을 먼저 꾀했다는 말인지 모르겠습니다. 임꺽정 패거리 중에 백정은 꺽정이 하나였고, 나머지는 출신성분이 다 달랐습니다. 정말 『임꺽정』을 벽초가 쓴 게 맞나, 하는 생각이 드는 대목입니다.

임꺽정은 싸움도 '단합'보다는 일대일 맞짱 뜨기나 몇몇 두령頭領 중심의 전투를 즐겼습니다. 산채를 옮기면서 먼저 그곳에 살던 사람들 수십 명을 마구 죽였고, 도우러 왔던 도적 우두머리도 때려 죽였습니다. 이런 일이 예사였지요. 그는 마음대로 했습니다. 그리고 마음대로 할 수 있는 가공할 힘과 검술이 있었을 뿐입니다.

사관의 기록과
사평

임꺽정을 잡지 못하자 조정에서는 영의정

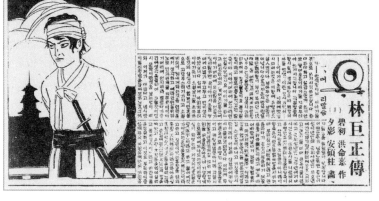

홍명희의 「임거정전」 제1화 연재분(조선일보 1928년 11월 28일자). 임꺽정 무리의 출현이라는 '사실'을 봉건체제에 대한 농민저항으로 '해석'하는 경향이 있습니다. 이런 추론은 임꺽정 개인의 드라마틱한 인생과 엮여 대중적 설득력을 얻었습니다. 그러나 정작 당대 사관들은 꺽정이패 등 도적떼 출현의 원인을 체제나 계급문제가 아닌 관리의 가렴주구에서 찾았습니다.

상진, 좌의정 안현, 우의정 이준경, 영중추부사 윤원형 등이 모여 함께 대책을 논의했습니다. 임꺽정이 출몰하는 개성부開城府 도사都事(4품 실무관)를 무관으로 뽑아 보내라는 명종의 명령이 있기도 했습니다. 도적떼가 개성부 성안까지 몰려와 주민을 살해하는 일이 벌어지는데도 사람들은 보복이 두려워 감히 고발하지 못하고, 관리들은 보고 듣는 바가 있어도 체포할 계획을 세우지 못했다고 합니다. 아마 주민들은 주민들대로 나몰라라 하고, 관리들은 손 놓고 있었던 모양입니다.

그러나 '범죄와의 전쟁'은 원래 '범죄자'를 대상으로 해서는 효과가 없습니다. 범죄가 발생하는 근본 원인을 없애야 합니다. 대개 원인은 국가의 실정으로 백성들이 살 방도를 찾지 못하는 데 있습니다. 앞에서 사관이 한 말이 바로 이겁니다. 백성들 중 그 누가 도적이 되고 싶겠느냐, 다 처자식 데리고 농사지으며 살고 싶지, 이렇게 말한 것입니다. 요즘도 마찬가지겠지요.

당시 조선은 윤원형 등이 명종의 어머니 문정왕후를 등에 업고 득세하여 매관매직을 일삼고 그들에게 뇌물 바치러 오는 자들이 문전성시를 이루는 사이 백성들의 삶은 날로 피폐해졌습니다. 윤원형을 귀양 보내던 날 사관은 다음과 같이 평론을 달았습니다.

윤원형은 음흉하고 욕심이 많았다. 형 윤원로가 자신과 권력을 다툴까 두려워하여 담당 관원에게 윤원로의 죄를 논하도록 사주하여 결국 죽게 하였고, 권력을 휘두르고 이익을 탐하는 일이란 하지 못하는 것이 없었다. 서울에 10여 채나 되는 커다란 저택이 있었고, 집마다 재화財貨가 가득했으며, 의복과 거마를 분수에 넘치게 임금과 같은 수준으로 하였다. 또 아내를 내쫓고 첩 난정을 처로 삼아 매우 사랑하여 말하는 것은 모두 따랐으니, 뇌물을 받고 약탈한 일도 그 첩이 부추긴 것이 많았다. 생살권生殺權을 쥔 지 20년간이나 사림士林이 분함을 삼킨 채 말을 못하고 있다가 이 때에 대사간 박순朴淳이 탄핵하였다.[9]

지금 우리는 사실과 해석이라는 주제를 다루는 중입니다. 사관이 한 논평은 바로 그 사실에 대한 해석이라고 보아도 좋겠지요? 위에서 보다시피 실록에서는 사실과 논평, 즉 해석을 구분하여 '사신왈史臣曰'이라고 표시하고 덧붙이는 방식을 취했습니다. 이렇게 하면 후대 사람들이 볼 때 사실과 논평(해석)을 구분해서 이해할 수 있으리라 여겼던 것으로 보이고, 실제로 실록을 읽는 우리는 둘을 선명하게 구분할 수 있습니다.

사실과 해석에 대한 무지

역사학에서 해석이 중요하다고 하니까 종종 사실을 무시하고 해석만 하려는 사람들이 있습니다. 역사학은 사실의 학문이고, 사실을 기초로 해석하는 학문입니다. 사실이 없으면 해석 자체가 없지요. 우리는 때로 사실 자체도 비판합니다. 정확한 사실을 확인하기 위해서이지요. 이는 사실에 담긴 진실을 더 분명히 드러내주는 과정입니다. 사실에 대한 비판이 그 사실이 오류라는 뜻은 아닙니다. 그렇게 오해해서 받아들이는 사람들이 있기에 하는 말입니다.

역사학에서 사실과 해석의 관계를 오해함으로써 '역사는 해석'이라는 오류에 빠지는 경우를 왕왕 봅니다. 목격담 하나 소개합니다. 2011년 10월 28일, 서울 서대문 4·19혁명기념도서관에서 "보수와 진보가 보는 민주주의—한국의 자유민주주의 이론, 헌법, 역사"라는 이름의 토론회가 열렸습니다. 당시 논란이 된 '자유민주주의' 개념을 토론하는 자리였습니다.

발제를 맡은 박명림 교수의 발표에 "임시정부 이래 이승만 정부까지 어떤 헌법, 연설, 인터뷰에도 자유민주주의라는 개념은 없습니다"는 내용이 구체적인 사료와 함께 제시되어 있었습니다. 발표문에서 시종일관 '자유민주주의'라는 용어를 의도적으로 썼던 김용직 교수는 '자유민주주의'에 대한 단 하나의 1차 사료도 제시하지 못하고, 모두 연구서에서 차용했지요. 일단 현재까지, 역사학자인 내가 볼 때 임시정부부터 이승만 정부까지 자유민주주의가 대한민국의 기본 방향이라는 걸 보여준 사료는 없습니다. 그 용어는 5·16 쿠데타로 탄생한 박정희의 공화당에서 만든 것입니다.

이 목격담을 얘기하는 이유는, 박명림 교수의 상대 패널이었던 권희영 교수의 발언 때문입니다. 그는 '역사학에서 사료가 말을 하는 것이 아니다. 역사는 해석이다. 이는 역사학의 기본이다. 그런데 박 교수는 사료에 나오지 않는다고 해서 자유민주주의가 없었다고 말하고 있다'는 요지의 발언을 했습니다. 그 말에 박수를 치는 사람도 있었지요.

그의 말대로, 또 우리가 살펴본 대로 "역사학에서 사료가 말을 하는 것이 아니다. 역사는 해석이다"라고 주장할 수 있는 점이 있긴 합니다. 그러나 역사학은 사료 없이는 아예 말을 할 수가 없습니다. 이것이 더 역사학의 기본이지요. 역사학의 ABC에 대한 이런 무지가 어떤 결과를 가져오는지는 제4부에서 계속 살펴볼 것입니다.

역사의
대칭성이란?

　　　　　　　　과거의 흔적으로 남은 역사적 경험을 '개념
적 구성물'로 보는 견해가 포스트모더니즘의 영향 아래 팽배한 적
이 있었습니다.[10] 경험은 사실이 아니라 머릿속에서 구성한 것이라
는 관점입니다. 그런 이유 때문인지 역사의 객관성에 대한 회의가
만연한 듯하고, 또 객관성에 집착하는 경향도 나타나고 있습니다.
이 주제를 다루어 볼까 합니다.

2015년 가을에 '강원 고교생 인문학 독서토론 캠프'에 초대 저자
로 참가한 적이 있었습니다. 내 책『기록한다는 것』을 비롯해, 인
문학 책을 읽은 학생들과 토론하는 캠프였습니다. 내 책을 읽은 학
생들이 낸 질문을 추려서 미리 두 질문을 보내왔는데, 다음과 같습
니다.

① 기록의 객관성은 어떻게 확보할 수 있는가?

② 현 시점에서 역사의 대칭성을 어떻게 회복할 것인가?

두번째 질문 먼저 살펴볼까요? 제2부에서 살펴본 진보사관에 대
한 복습을 겸하는 겁니다. 대칭이란 말은 아시지요? 바로 저울에서
어느 쪽으로도 기울지 않고 평형을 이루는 상태를 말합니다. 둘 사
이에 어떤 위계나 지배관계가 성립하지 않는다는 말로 씁니다. 쉽
게 말해 평등하다는 것이지요.

단군조선의 역사적 실재성에 대한 논의와는 별개로『삼국유사』
에 나오는 웅녀 이야기는 신화라고 보아도 무방할 것입니다. 이 웅

녀 이야기는 신화 시대의 끝자락을 보여줍니다. 곰, 즉 웅녀는 나중에 환웅의 아내가 되어 단군을 낳았습니다. 신화는 국가와 왕의 탄생이라는 역사적 조건 속에서 더 이상 지혜의 힘을 가지지 못합니다.

무슨 말이냐 하면, 곰이나 호랑이가 인간도 되고 또 그 반대 방향으로의 변화도 가능한 신화의 세계는 인간과 다른 동물의 대칭성을 보여줍니다. 그러나 국가와 왕이 탄생한 뒤로 이러한 대칭성이 깨지고 인간도 인간과 자연(또는 동물)의 위계, 그리고 인간사회 내의 위계(계급)가 발생하는 것입니다.

이제는 인간 사이에도 위계가 생깁니다. 부유한 자와 가난한 자 사이에, 권력자와 피지배자 사이에 말이지요. 휴머니즘은 인간에 대한 인간의 억압을 제어한다는 점에서 이런 인간 문명의 특권의식에 대한 방어이기도 하지만, 또한 인간 중심 문명의 표현이기도 합니다. 우리는 '휴머니즘=인간주의=인간 중심주의'에 입각해서 마치 지구가 인간을 위해 만들어진 양 착각합니다. 동물이나 식물, 심지어 대지와 공기조차 인간을 위해 존재한다고 생각합니다. 나아가 어떤 인간은 다른 인간들이 자기를 위해 존재한다고 믿기까지 합니다.

이와 똑같은 양상이 역사에도 나타납니다. 과거 역사는 과거의 사람들 또는 미래의 사람들과 지금의 내가 '평등하게' 만나는 장소입니다. 비록 인간과 자연의 대칭성은 깨졌지만, 인간과 인간 사이에서만이라도 대칭성을 유지하려는 노력이 역사로 나타나는 게 아

닐까 생각합니다. 그렇기 때문에 과거가 현재의 우리에게 '거울'이
되는 것입니다.

실제 현실에서 보면 인간과 인간들 사이에서도 계급과 계층이
나뉘며 대칭성이 깨졌지요. 왕과 신하, 귀족과 백성, 부자와 빈자
등……. 그렇기에 갈등하고 다툽니다. 하지만 역사라는 지평에서
는 살아서 지녔던 영향력이 아무런 힘을 갖지 못합니다. 후대 사람
들은 생전의 영향력과 관계없이 어떤 이의 행적을 기억하고 평가
하고 의미를 부여합니다. 예를 들어 볼까요?

중국 당나라 태종은 재위 기간에 본보기가 될 만한 정치를 펼쳤
습니다. 그렇지만 고구려를 침략하는 과오를 범하기도 합니다. 그
고구려 침략은 역사에 남았고, 훗날 그 역사를 보는 사람은 두고두
고 당 태종을 비판합니다. 당시에는 어땠을까요? 당시 황제의 고구
려 침략을 반대했던 위징魏徵이라는 재상은 조정에서 쫓겨났습니다.
태종은 고구려 침략에서 패퇴한 뒤, 위징의 말을 듣지 않았던 자신
의 잘못을 통감했지만 때늦은 뉘우침이었지요.

이렇게 역사는 어떤 사건에 등장한 사람들의 관계를 대등하게
만듭니다. 그러니까 '역사라는 이름으로' 사람들은 과거, 현재, 미
래의 사람들과 '대칭적으로' 만나는 것이지요. '나라는 망할 수 있
어도, 역사는 사라질 수 없다'는 구절을 곱씹어볼 필요가 있습니다.
흥하고 망하는 문명이나 국가·왕조 등과는 달리, 인간에게 기억
이 존재하는 한 역사는 사라질 수 있는 게 아니다, 그렇기에 역사
는 언제나 인간이란 존재가 대등하게 만나는 장이다, 이런 뜻 아닐

까요?

　그러나 근대사회에 들어오면서 사람들은 인간의 역사를 '진보'라는 관점에서 바라보기 시작했습니다. 간단히 말하면, 인간의 역사가 자유나 평등의 확대 과정이었고, 과거보다 지금이 여러모로 잘 살게 되었다는 것입니다. 그에 따라 과거는 현재를 위해, 현재는 미래를 위해 존재하게 되었습니다. 과거의 인간, 현재의 인간, 미래의 인간 사이에 위계가 생겨버립니다. 대칭성이 다시 붕괴됩니다.

객관성이라는
소용돌이

　　　　　우리의 주제는 첫번째 질문에 담겨 있습니다. '기록의 객관성은 어떻게 확보할 수 있는가?' 나는 강원 캠프에서 나온 두 가지 질문을 보면서 학생들이 무척 고심해서 골랐구나, 하는 생각이 들었습니다. 그런데 이 질문에는 의심스러운 데가 있었습니다. '객관성'이 확보해야 할 무엇으로 설정되어 있었던 것이지요. 그래서 학생들에게 물었습니다.

　"객관성은 좋은 건가요?"

　학생들은 순간 '무슨 그런 질문을 하나' 하는 눈빛으로 나를 바라보았습니다. 객관성이란 말을 아마 지극히 사전적인 의미인 '누가 보아도 그러하다고 인정되는 것'이란 뜻으로 사용했을 겁니다. 그러므로 주관 또는 주관성과 대비해 나은 것, 추구해야 할 무엇으로 인식하고 있었을 겁니다. 거기에 대고 이렇게 물었으니 이상한 질문을 한다고 보는 것도 무리가 아닙니다.

나는 먼저 주관과 객관을 대립시키는 게 타당한지 물어보고 싶었습니다. 인식론에서 주관은 내가 보는 것, 객관은 여럿이 보는 것처럼 설명합니다. 이에 따라 은근히 나 혼자의 시각은 여럿의 눈보다 부정확하거나 아직 모자란 것으로 치부됩니다. 정말 그런가요? 인간의 인식능력이 다수결로 결정되나요? 아마 그랬다면 '벌거숭이 임금님'이라는 동화는 우리에게 감동을 줄 수 없었을 겁니다. 적어도 한 소년이 '임금님은 벌거숭이입니다!'라고 외치기 전까지 다수는 임금님이 옷을, 그것도 멋진 옷을 입고 있다고 생각했으니까요.

아마 학생들은 '납득할 수 있는 과정을 거쳐 동의할 수 있는 결론에 이르는 것'을 객관성이라고 표현했을 겁니다. 이해합니다. 그렇지만 여전히 질문을 마냥 있는 그대로 받아들이기 어려운 데가 있습니다. 그 질문에서 주관성에 대한 '멸시'가 느껴지기 때문입니다.

그런데 삶의 흔적을 통해서 역사를 만드는 것도 나(인간)이고, 지나간 흔적을 탐구하는 것도 나(인간)입니다. 나는 왜 그런 행동을 했고 행동의 결과가 어떠했는지, 사실(흔적)을 확인해갑니다. 탐구하고자 했던 질문이 무엇이고 그 질문에 대한 답은 타당한지 확인합니다. 이것을 주관적이라고 표현한다면 주관은 명백히 객관의 토대입니다.

주관은 다양할 수 있습니다. 똑같은 인간이 없기 때문입니다. 인간이 다 똑같다면? 생각만 해도 허탈하지요? 이 다르다는 사실이야말로 인간에 대한 이해의 출발점이라고 나는 봅니다. 모든 인문학은, 인간[人]의 무늬[文]에 대한 학문은 인간이 다르다는 사실이 빚어내는 변주 때문에 생기고, 그 변주를 아름답게 만들기 위해 노력하고 있다고 믿습니다. 역사학 역시 그 노력에 동참하고 있기 때문에 소중합니다.

갑자기 성명서 내는 분위기가 되어버렸는데, 핵심은 주관(성)이란 것이 객관(성)과 대립적으로 이해되어야 할 무엇이 아니라는 겁니다. 아니 그보다 객관성의 토대이자 자양분이며, 실질적 내용이자 풍부하게 해주는 질료가 주관성입니다.

주관을 객관의 대립으로 설정하는 사유는 결국 하나의 '객관'만을 강요하기에 이릅니다. 음악가의 악보는 하나의 객관이라는 오류를 깨는 데 더없이 좋은 사례입니다. 얼마 전 차 안에서 베토벤의 〈월광소나타〉를 들었습니다. 원래 테이프가 헤질 정도로 〈월광소나타〉를 좋아했고, 컬러링도 이 곡으로 했던 터라, 느긋한 마음으로 감상할 준비에 들어갔습니다. 그런데 〈월광소나타〉를 플라멩고 리듬으로 편곡해서 연주하는 겁니다. 그게 되더군요. 이것만이 아니지요. 얼마나 많은 악보(객관)가 연주되는(주관) 과정에서 우리에게 감동을 주었나요? 여기서 한 걸음 더 나아가 나는 주관이야말로 객관이 드러나는 곳이라고 생각합니다. 악보가 연주를 통해 드러나듯이 말입니다. 그래서 다음과 같은 말을 두려워할 필요가 없습니다.

역사학은 본디 사실의 비결정성, 텍스트의 다의성, 그리고 해석의 무한성에 기초한 열린 우주인바, 이러한 사실의 인정이 혼란과 무질서의 파국을 가져온다는 것은 모던(근대)의 환각일 뿐이기 때문입니다. 게다가 보편성의 미명하에 다양성을 혼란의 증표로 억압하고, 합리성의 이름 아래 우리와 다른 행동과 사상을 미개한 것으로 못 박으며, 진보는 반드시 희생을 수반한다는 명분하에 타자들의 희생을 정당화하는 등 광기로 전락한 이성의 우매함을 또다시 되풀이할 수는 없기 때문입니다.[11]

주관-객관의 문제만이 아니라 보편성, 진보 등 근대 역사(학)의 핵심 주제까지 언급하고 있지요? 보편성은 기계적 유물론의 역사 발전 단계론을 다룰 때 언급했고, 진보사관도 다루었지요? 그 연장에서 주관-객관도 이해하면 될 듯합니다.

E.H. 카의
그늘

　　　　　우리가 주관-객관, 역사가와 사실, 사실과 해석의 문제를 두고 이렇게 이분법적 모호성에 빠지게 된 이유를 점검해보겠습니다. '이분법적 모호성'이란 모호한 말을 쓴 이유가 있습니다. 이분법처럼 명료한 게 없을 듯하지만, 실제로는 이분법처럼 모호한 것도 없습니다. 왜 모호하냐구요? 이미 앞서 답했습니다. 나뉘지 않는 걸 나누어놓기 때문에 명료한 듯하지만 오히려 불명료해지는 것이지요. 다음 진술을 볼까요?

> 역사가는 필연적으로 선택을 하게 된다. 역사적 사실이라는 딱딱한 속알맹이가 객관적으로 그리고 역사가의 해석과는 독립하여 존재한다는 믿음은 어리석은 오류이지만, 그러나 뿌리 뽑기는 매우 어려운 오류이다.[12]

E.H. 카는 '역사는 과거와 현재의 대화'라는 말을 통해 역사에 관심 있는 사람들에게는 매우 친숙한 역사학자입니다. 그의 책을 읽지 않은 사람들까지도 마치 읽은 듯이 얘기할 수 있는 자신감을 안겨준 근사한 표현이었지요. 다른 이유도 있겠지만, 카의 책에 담긴 내용이 결코 만만치 않음에도 이렇게 대중성을 확보한 것은 그만큼 그의 설명이 이해하기 쉬웠다는 뜻도 됩니다.

'역사는 과거와 현재의 대화'라는 그의 설명은 엄밀한 학술적 명제라기보다 시적詩的 표현입니다. 과거의 흔적을 지금의 역사가가 선택하여 뭔가를 이야기하는 것이 역사일진대, 이를 그 이상 어떻게 표현하겠습니까? 그래서 나는 '역사는 과거와 현재의 대화'라는 멋진 표현에서 카의 고충을 읽습니다. 아마 이런저런 정의를 내리고 고치고 하다가 도달한 일종의 선禪의 화두일 것이라고 생각합니다. 그러므로 이 표현을 꼬집어 비판하는 것은 정작 가리키는 달은 보지 않고 손가락만 쳐다보는 태도이며, 화두인 이상 음미하고 반추하는 걸로 충분하다고 생각합니다.

그러나 그가 말한 바, '역사적 사실이라는 딱딱한 속알맹이가 객관적으로 그리고 역사가의 해석과는 독립하여 존재한다는 믿음은 어리석은 오류'라는 주장에는 동의하기 어렵습니다. 지금 이 책을 읽고 있는 독자들의 독후감은 저마다 다를 것이지만, 그와 별개로 이 책의 존재, 이 책을 쓴 나의 존재, 그리고 이 책을 사람들이 읽었다는 사실 등은 변치 않고 '역사가의 해석과 독립하여' 존재합니다.

독후감이 제각각이라는 사실이 이 책의 존재를 부정하지 못한다는 말입니다. 오히려 독후감이 다르다는 사실은 이 책의 집필과 독서라는 객관적 사실의 물증이며, 독후감의 내용은 더 말할 것도 없습니다. 아니, 선택이라는 말 자체에 이미 객관적 사실이 전제돼 있습니다. 보실까요?

어떤 산이 보는 각도를 달리 할 때마다 다른 형상으로 보인다고 해서, 그 산은 객관적으로 전혀 형상을 가지고 있지 않다거나 무한한 형상을 가진다고 할 수는 없다. 해석이 사실들을 확정하는 데에서 필수적인 역할을 한다고 해서, 그리고 현존하는 어떠한 해석도 완전히 객관적이지 않다고 해서, 이 해석이나 저 해석이나 매한가지이며 역사의 사실들에 대해서는 원칙적으로 객관적인 해석을 내릴 수 없다고 말할

"역사는 과거와 현재의 끊임없는 대화"라는 탁월한 비유로 사람들이 역사를 직관적으로 이해하는 데 기여한 에드워드 카. 그런 그조차 더러 혼동을 일으킬 만큼 사실과 해석, 객관과 주관의 구분은 쉽지 않은 문제입니다.

수는 없다.[13]

여기서 카는 다시 산(사실의 비유)은 객관적으로 존재하는 것이고, 나아가 객관적인 해석도 가능하다는 입장으로 돌아가고 있습니다. 장담컨대 카가 살아 있어서 이 문제로 나와 토론을 한다면, 나는 카에게서 '나는 주관과 객관, 사실과 해석의 문제를 혼동하고 있었다'는 실토를 받아낼 수 있습니다. 이 두 진술을 놓고도 그걸 인정하지 않는다면, 카는 자신이 무슨 말을 하는지 모르는 학자일 뿐입니다.

이런 점에서 사실과 해석의 문제는 사마천이 「백이·숙제 열전」에 썼고 실록에 사관들이 썼던 사평(평론)처럼, 사실 따로 해석 따로 분명히 구별해주는 게 좋다고 봅니다. 이렇게 얘기하면 금방 '그렇게 구분한다 해도 이미 사실의 선택에서 해석이 개입된다'고 말하는 분이 있을 겁니다. 정확합니다! 그렇습니다!

해석 이전에
관심이 있다

'사실의 선택'에 의해 만들어진 결과는 앞서 2부에서 살펴본 역사의 범주 맨 오른쪽에 있던 교과서나 논문 수준의 역사서일 것입니다. 잠깐 역사의 해석을 둘러싼 주관-객관 논의 이전에 짚고 갈 것이 있습니다. '역사는 해석의 문제'라고 부를 때 종종 우리는 해석과 관심을 혼동합니다. 임진왜란을 놓고 누구는 전술에, 누구는 의병활동에, 누구는 외교에, 누구는 동서분당에, 누구는 경제적 영향에 관심을 갖습니다. 사람에 따라 이렇게 다른 관심에서 임진왜란에 대해 남아 있는 사실에 접근할 것입니다. 그에 따라 임진왜란에 대한 서술이 달라집니다.

역사공부에서 사실과 관심은 대립하지 않습니다. 이 경우, 해석에 따라 사실이 달라지는 게 아니라, 관심에 따라 사실에 달리 접근할 뿐입니다. 해석 이전에 관심이 있습니다. 해석은 사실과 관심의 대화를 바탕으로 이루어집니다. 그러므로 우리가 '같은 사실에 대해서도 사람마다 다르게 본다'고 말할 때에는 '다르다'는 것이 관심인지 연구인지 해석인지 정확히 구분하고 말해야 서로 답답한 대화를 피할 수 있습니다. 도식으로 나눠보면 이렇습니다.

그 사람의 가치가 개입하는 해석이 이루어질 때 피상적으로 보면 같은 사실에 대해서도 해석이 다른 것처럼 보이게 됩니다. 이어 곧잘 하는 말대로 '역사는 해석의 문제'라는 생각을 갖게 됩니다. 하지만 관심의 차이는 자연스러운 일입니다. 단지 관심이 다르다는 이유로 다툰다면 이는 상식을 가진 사람의 태도가 아닙니다. 다양한 관심을 인정하는 것, 여기에 역사를 보는 눈의 다양성이 있습니다. 역사의 다양성은 사실에 반하는 해석의 옹호가 아니라, 인간의 자연스러운 관심을 획일화하는 데 반대하는 휴머니즘에 기초합니다.

세 가지 역사 범주에서 왼쪽 범주에 있는 역사기록은 어떨까요? 첫번째 범주에 있는 일기를 쓸 때 혹여 선생님이 볼까봐 자기검열 기제가 작동하기도 하지만, 대개는 그날 있던 일을 기록합니다. 실록의 자료가 되는 사초처럼 말이지요. 실제로 지금 남아 있는 일기 가운데, 당사자가 왜곡하는 경우는 거의 없습니다. 후대 자손이나 이해관계자들이 덧붙이거나 뺌으로써 왜곡되는 경우가 훨씬 많습니다.

편지도 그렇습니다. 편지는 실제적인 목적이 있어서 작성되는 것입니다. 안부든 용건이든 말이지요. 관청의 문서는 어떤가요? 대개 증거자료인 경우가 많습니다. '사실의 선택', 나아가 '사실에 대한 해석의 차이'를 걱정해야 하는 '역사기록'은 '역사' 범주 중 일부라고 생각합니다. 그리고 그 선택 역시 공정하고 타당한지, 즉 객관적으로 인정받을 수 있는지 여부를 판단할 수 있습니다. 이 문제는 이미 논의했으므로 줄이겠습니다.

오히려 '사실의 선택'이 의미를 갖는 '역사' 범주 오른쪽에 있는 교과서·논문과, '사실의 선택'보다 범주 왼쪽에 있는 '증거·흔적'의 성격을 띤 실용적인 기록류 사이에서 어떤 생산적인 관계를 설정할 수 있지 않을까요? 교과서나 논문은 왼편에 있는 기록류를 원재료로 가공되어 나오는 산출물이니까요. 가공에는 편찬, 선별, 선택 등이 포함됩니다.

저장기억,
기능기억

실용적인 차원에서 차곡차곡 쌓아 놓는 기록류를 저장기억이라고 부르고, 교과서나 논문에 남아 있거나 내 머릿속에 지금 탁 떠오르는 또는 그렇게 떠올리는 기억을 기능기억이라고 불러보겠습니다.[14]

저장기억은 비활성화되어 있고, 비교적 무념무상하게 불러줄 때를 기다리고 있습니다. 19세기 역사실증주의 시대에 니체는 이 저장기억을 역사학의 책무로 삼는 경향에 대해 기억과 회상의 활기를 빼앗는 원흉으로 보고 비판했습니다. 죽은 기록이 산 기억을 압도할 우려 때문이었을까요?

지금까지 우리는 어떤 매체나 방식을 통해서든 경험을 적어서 남기는 기록행위Documentation, Recording와 그 기록을 통해 역사를 이야기해주는 역사서술Historiography을 구분했습니다. 기록행위=저장기억, 역사서술=기능기억으로 볼 수 있을 듯합니다. 대체로 근대 역사학 분과에서는 후자를 역사학으로 치고, 전자는 기록학·기록관리학·문헌정보학·도서관학이라는 이름으로 부릅니다. 반면 전통적으로 동아시아에서 사史는 기록행위와 역사서술을 통칭하여 부르는 말이었습니다. 이렇게 역사라는 개념 자체도 시공時空에 따라 차이가 있다는 점에서 '역사적'입니다.

거듭 말하거니와, 일기라고 다 기록하지 않습니다. 숨기는 일도 있습니다. 감정을 과장하기도 하지요. 하지만 대부분 덤덤하게 기록합니다. 기억을 얼려두기 위해서 말이지요. 언젠가 녹여서 재생하겠지요. 얼마 전, 일기장을 보면서 '이런 일이 있었구나' 새삼 나의 지나온 하루하루가 신기하게 느껴졌던 체험을 했는데요. 일기장을 들춰본 사람은 누구나 갖는 느낌이 아닐까요?

하루는 장모님과 얘기를 나누는데, 내가 아이들에게 회초리를 들어 다리에 매 자국을 남긴 일을 말씀하셨습니다. 까마득히 잊고 있던 일이었습니다. 아이들을 차에서 내려줄 때 나는 내릴 쪽을 보고 위험하지 않다고 확인되면 아이들에게 내리라고 합니다. 그런데 그날은 녀석들이 덜컥 내려서 위험할 뻔했고, 집에 돌아와 두 녀석의 종아리를 때렸는데 그게 장모님은 서운하셨던 겁니다. 귀한 손자를 때렸다고.

얘기를 나누던 중 나는 '아, 그런 일이 있었지' 하며 기억을 떠올렸습니다. 내친 김에 일기장을 들춰보았습니다. 아니 검색했다고 해야 합니다. 내 일기장은 컴퓨터 문서파일이거든요. 2011_2013. hwp, 2014_2016.hwp 하는 식으로 만들어서 씁니다. 작은 아이 이름을 검색했더니, 같이 산에 간 일, 청소한 일, 시험기간에 딴짓해서 혼낸 일, 참으로 많은 일들이 있었습니다. 새삼 놀랐습니다. 그 많은 일이 있었던 데 놀랐고, 그 일들을 내가 선별해서 기억하고 있음에 놀랐습니다. 예상이나 믿음과는 달리, 나는 작은 녀석을 사랑하기만 한 것은 결코 아니었습니다. 일기를 보면서 되새겨지는 소중함, 아련한 아쉬움과 함께 떠오르는 얼굴들……. 대부분 내 활성기억, 기능기억에서 이미 지워진 사건들이었습니다.

니체의 우려와는 달리 나는 저장기억과 기능기억이 대립한다고 보지 않습니다. 저장기억은 기능기억이 빠질 수 있는 왜곡과 위험을 교정하든지 줄여줄 수 있습니다. 국민국가의 기억인 국사교과서는 기능기억입니다. 19세기 국민국가의 기억은 '만들어진 전통'입니다. 단군을 그토록 강조하는 것도 20세기의 현상입니다. 조선시대에는 단군이 역사서에 언급되기는 해도 '반만년 역사의 정체성'이라는 국민국가 코드로 작동하지 않았습니다.

저장기억은 대한민국의 주류 역사를 건국절로 시작하려는 시도나, 미국 역사에서 인디언이나 여성, 비非백인 남성들을 배제한 채 가르치는 교과서 같은 기능기억의 편협성과 왜곡을 시정하는 풀pool 이 됩니다. 나는 최근 책을 내면서 저장기억과 기능기억 사이의 상 보相補 관계, 비판적 역사서술의 새로운 가능성을 확인했습니다.[15] 구체적인 사례이므로 여기서 되새겨보고자 합니다.

조선시대 유일하게 활자로 간행되지 못하고 초고본으로 남은 비 운의 실록이 『광해군일기』입니다. 여타 실록과는 달리, 광해군이 폐위되었기 때문에 '실록'이 아닌 '일기'라는 이름을 얻었습니다. 광해군 시대 궁궐공사를 비롯한 재정파탄은 거의 국가파산 수준이 었기 때문에 인조반정 이후 극심한 곤란을 겪었고, 그 증거 중 하 나가 『광해군일기』 중초본中草本과 정초본正草本입니다. 원래 초초본 → 중초본 → 정초본 → 활자본의 단계를 거쳐 간행되는데, 광해군 대를 거치며 재정과 민생이 파탄 나서 실록 편찬비용을 댈 수 없었 던 것입니다.

내가 현재 학계에서 주류 해석인 광해군의 민생정책 및 중립외 교론에 반대하여 원래 해석대로 광해군은 혼군昏君(정신 나간 임금) 이었다는 주장을 했기 때문에 『광해군─그 위험한 거울』 출간과 함 께 작은 파문이 일었습니다. 선조宣祖 때 이미 합의되었던 대동법의 폐기, 균등 과세를 위한 양전量田 포기, 매관매직, 권력전횡, 무엇보 다 궁궐공사로 인한 재정파탄은 백성들의 삶을 뒤엎었습니다. 그 러므로 광해군은 외교에서 주체적인 전략을 세울 수 없는 처지였 고, 그의 외교는 이런 무너진 내정에서 비롯된 기회주의에 불과했습니다. 기실 이런 비판은 이 책보다 3년 앞서 낸 『조선의 힘』에서 했고, 이번 책은 '비판'이라기보다 '실상의 이해'를 위해 쓴 시대사 였습니다.

헌데 나의 견해를 반박하는 사람들의 논거 중 하나가 "『광해군일기』는 반정 이후 서인들의 손에 의해 편찬되었기 때문에 왜곡되어 있고, 믿을 수 없다"는 주장이었습니다. 나는 이런 비판을 예상했기 때문에 내 책에 『광해군일기』라는 사료의 성격에 대해 언급해두 었습니다.

셋째, 이 점이 재미있는 대목인데, 광해군 재평가의 시조인 일제 식민사학자 이나바에서부터 최근 민족통일의 비전을 줄 수 있는 존재로까지 광해군의 중립외교를 높이 평가하는 연구자들에 이르기까지, 이들이 참고하고 자신의 논거로 삼은 연구 자료의 90% 이상이 『광해군일기』였다. 이 말은 『광해군일기』에는 광해군을 비판할 수 있는 자료는 물론 광해군을 추앙할 수 있는 자료도 동시에 남아 있음을 의미한다.

이 말은 『광해군일기』가 저장기억이라는 말입니다. 광해군을 현실적인 중립외교를 추진하고 민생을 돌본 군주로 추켜올리는 사람들도 대부분 『광해군일기』에서 논거를 제시했습니다. 그와 달리 나는 『광해군일기』를 통해서 광해군의 외교는 기회주의 외교였고, 그것은 무너진 내치內治의 결과라고 주장했습니다. 이것은 『광해군일기』가 교과서나 논문과 다른 성격의 역사, 즉 일기(실록)라는 성격

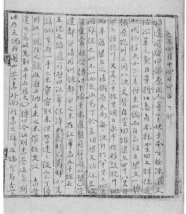

『광해군일기』 중초본. 왼쪽은 표지입니다. 중초본은 중간 단계의 초고본이라는 뜻입니다. 『광해군일기』는 재정이 부족하여 간행하지 못하고 중초본 상태로 보존되었습니다. 오른쪽에는 광해군 11년, 궁궐공사를 주관하던 영건도감에서 강화에 있던 훈련도감의 군량미 5000석을 공사비로 전용했다는 내용이 기록돼 있습니다.

이었기 때문에 가능한 일이었습니다.

나는 학계의 '중립외교'라는 기능기억(=해석)을, 『광해군일기』라는 저장기억(=사료)에 비추어, 다시 '광해군은 어리석은 군주'라는 기능기억으로 수정하고자 한 것입니다. 이것이 내가 생각하는 저장기억과 기능기억의 상보관계입니다. 사료(사실)와 해석을 오가며 차츰 역사적 진실에 도달하는 비판적 역사서술의 가능성을 보여준 사례입니다.

정리하고 갈까요? 역사기록이라고 다 같은 것이 아닙니다. 일기나 편지에서 교과서, 논문까지 역사기록의 스펙트럼은 넓습니다. 전자를 주로 사료 또는 역사기록이라고 부르고, 후자를 역사서라고 부르기도 하지요. 바로 이 책 2부에서 다룬 내용입니다. 이런 스펙트럼을 고려하면 사실과 해석, 주관과 객관의 이분법을 넘어서는 데도 유용합니다. 이를 저장기억과 기능기억에서 얻는 비판적 역사서술의 가능성이라고 부를 수 있습니다.

03

역사성이란 무엇인가

'역사적'이라는
말

　　　　　이제 다시 기초를 다질 때입니다. 우리가 '역
사적'이라고 말할 때는 크게 두 가지 의미가 있는 듯합니다. 첫째
는 중대하다, 획기적이다, 라는 의미입니다. 손기정 선수가 올림픽
마라톤에서 우승한 경우가 '역사적'이지요. 안타깝게도 꽃같은 청
년들을 손 한번 못 쓰고 가라앉게 만든 세월호 역시 '역사적' 사건
입니다.

　'역사적'이라는 말의 둘째 의미는 '역사성'을 띠고 있다는 의미
라고 생각합니다. 그 시대 특유한 성격을 지니고 있다는 의미 말입
니다. 겸재 정선鄭敾(1676~1759)의 〈날이 개는 인왕산 풍경[仁王霽色
圖]〉이 역사적 작품이라고 할 때, 이 그림이 조선후기 진경문화를
보여주는 역사성을 띈 작품이라는 의미가 됩니다. 그런데 역사가
모든 만물의 존재양식이기 때문에, 역사성은 모든 존재가 다 가지
고 있습니다.

겸재의 〈날이 개는 인왕산 풍경〉. 이전까지 조선의 산수화풍이 실제 가보지 않은 중국 등지의 명승지를 그리는 일종의 상상화였던 것에 반해 겸재는 실제 경치를 그대로 화폭에 담는 진경산수화풍을 만들어냈습니다. 〈날이 개는 인왕산 풍경〉은 그렇게 당대의 화풍을 대표하는 작품으로 역사성을 지닙니다.

역사성은 시대가 다르면 삶이 달라지기에 생깁니다. 변하지 않으면 역사성도 없습니다. 예를 들어 볼까요? 증기기관을 돌리는 석탄과, 기차와 선박 등 기계를 만들었던 철은 산업혁명을 상징하는 두 축이었습니다. 증기와 철, 이보다 강력한 동력과 재료는 찾기 힘듭니다. 그런데 2세기가 지나는 동안 변화가 생겼습니다. 다음은 얼마 전 신문에 난 내용입니다.[16]

석탄산업이 정점을 찍은 1910~1920년대에 영국 탄광 종사자는 120만 명에 달했고 생산량은 2억9000만 톤(1913년 기준)에 이르렀다고 합니다. 그러나 석탄산업은 천연가스, 바이오매스 등 다른 자원에 자리를 내주며 서서히 쇠퇴하기 시작했습니다. 영국 석탄산업의 사양길을 가장 뚜렷하게 드러낸 계기는 1984년부터 1년간 이어진 광부 노동조합 파업입니다. 마거릿 대처 총리가 일부 탄광 폐쇄를 발표한 이후 파업과 탄광 폐쇄가 이어지면서 1년 새 석탄생산량은 65% 급감했습니다.

영화와 뮤지컬로 만들어진 〈빌리 엘리어트〉가 바로 이때의 파업을 배경으로 한 작품이랍니다. 아버지는 빌리를 위해 파업에 동참하지 않습니다. 형은 참여하지요. 극중에서 이 파업은 '미래를 위한 전쟁일 뿐 아니라 영국의 정신에 대한 전쟁'으로 표현됩니다. 그러나 이후에도 영국의 석탄산업은 황금기를 되찾지 못한 채 값싼 외국산 석탄과 대체에너지원에 점점 밀려났습니다. 2014년 기준으로 탄광 종사자는 4000명으로 줄었고, 1950년대 1330개에 달했던 탄광은 2015년 켈링리 탄광이 문을 닫으면서 역사 속으로 사라졌습니다.

영국 전국광부조합NUM 지부의 키스 풀슨은 "우리가 수익성 있는 탄광과 숙련된 노동력이 있는 산업에서 그저 등을 돌릴 것이라고 생각하니 분노할 일"이라고 말하고, 또 "우리에게는 아직 20년치 매장량이 남아 있는데 어떤 이유에선지 사람들이 영국 석탄을 더는 요구하지 않게 됐다"고 합니다. 이윤창출로 보아도(구조), 사람들의 필요로 보아도(욕망), 이 시대에는 탄광의 역사성을 드러낼 자리가 없는 것입니다.

과거시험과
고등고시

　　　　　　　이렇듯 변화란 존재의 숙명입니다. 우리가 쉽게 착각하는 사례를 살펴보겠습니다. 가끔 조선시대 관료 임명에 대해 의아해하는 분들이 많습니다. 관직이 바뀌는 체직, 관직에서 쫓겨나는 파직이 잦고, 파직된 사람이 얼마 안 가 다시 관직에 임명되는 경우가 많아 이상하다는 겁니다. 특히 사간원과 사헌부가 그렇습니다. 요즘은 해직·파직 등을 한 번 당하면 공무원이든 사기업이든 그대로 끝인데 말입니다.

　그렇습니다. 조선시대 관료는 나이 먹고 병이 들어 죽거나, 사약을 받지 않는 이상 언제든 관직에 복귀될 가능성이 있었습니다. 사대부는 관료 풀pool의 개념입니다. 물론 과거에 급제해야 그 안에 들 수 있습니다. 과거에 급제한다는 것은 '출세出世', 세상에 나간다는 의미이자 양반兩班의 신분을 유지할 수 있는 통과의례이기도 했습니다. 이런 점에서 오늘날 사법고시나 행정고시 등이 신분 상승을 보장하는 것과 차이가 있습니다. 신분 유지와 신분 상승의 차이, 이것이 같은 관료제이면서도 조선과 대한민국의 관료제가 서로 다른 역사성을 띠는 것입니다. 그러므로 과거와 고시가 비슷한 듯하면서도 어떤 역사적 맥락에 놓여 있느냐에 따라 그 성격이 달라지는 것이지요.

　조선시대에 관직에서 파직되었다는 것은 요즘처럼 상승(보장)되었던 신분이 하락(박탈)하는 것이 아니라, 신분은 유지되지만 직책이 없어진 것이었습니다. 또 파직은 되었어도 관작官爵, 즉 통정대부, 자의대부… 하는 식의 품계는 유지할 수 있었습니다. 더 무거운 죄질이라면 관작까지 삭탈하는 경우도 있고, 성문 밖으로 내쫓거나 귀양을 보내는 식으로 처벌 수위가 높아집니다. 그렇다고 양반이라는 신분이 없어지는 건 아니기 때문에 언제든 관작을 회복할 수 있는 것이지요.

조금 이해가 가지 않을 수도 있습니다. 이런 논의가 있었습니다. 양반도 군포軍布를 내게 하자는 주장입니다. 군포는 군역軍役을 대신하여 내는 베를 말합니다. 그랬더니 양반들이 반대합니다. 왜 우리가 담당하지도 않는 군역에 대한 베를 내야 하느냐는 것이지요.

신분제 아래에서 각자 국가를 상대로 부담해야 하는 역役의 종류를 보면 문제의 소재가 선명해집니다. 지금은 누구나 헌법의 국민 개병제에 따라 군대에 가야 하지만, 당시에는 그렇지 않았습니다. 군역은 평민의 역이었습니다. 특수하게 양반 자제나 천민으로 구성된 군대도 있었지만, 유명무실하거나 주력군이 아니었습니다.

조선시대 신분에 따른 직무와 역의 종류

신분	직무	역의 종류
양반	관직	과거에 급제해 문무반이 되는 직역(職役)
중인	서리	아전 등으로 활동하는 직역
평민	군인	군대에 가서 기여하는 군역(軍役)
천민	천역	몸으로 일해서 바치는 신역(身役)

우리가 드라마 같은 데서 보는 이방·병방 등 수령의 직무를 보좌하는 서리들은 중인이 맡았습니다. 이들에게는 월급을 주지 않았습니다. 흔히 바로 이런 비非급여가 고질적인 부패를 낳았다고 하는데, 평민이 군대를 간다고 해서 월급을 주지 않았던 것과 마찬가지 이유에서 주지 않은 것입니다. 의무 근무였던 것입니다. 천민들에게도 그런 의무가 있었습니다. 소를 잡는 백정, 신발을 만드는 갓바치[皮匠], 고리짝을 만드는 고리백정 등 천민들은 각자 주어진 신역을 수행해야 했습니다.

동일한 이유에서 양반이 과거에 급제하여 관직에 나가는 것은 권리이면서 의무입니다. 과거에 급제하지 못하는 것은 의무를 다하지 못하는 것입니다. 그렇기 때문에 학문의 근본은 인격의 완성에 있다고 보았던 퇴계 이황도 아들에게 과거급제를 당부했던 것입니다. 이는 퇴계가 겉으로는 인격 완성을 주장하면서 속으로는 아들 과거 합격시키려고 애쓰던 이중인격의 소유자로 해석될 수 없는 이유이기도 합니다. 퇴계의 당부는 요즘으로 치면 나이가 찬 청년에게 '군대 가야지'라고 하는 말과 같습니다.

그런데 조선 어느 시점에 과거 급제는 못하면서 주야장천 서원이나 향교에 다니기만 하는 양반들의 존재가 점점 늘어납니다. 원래 유생은 시험공부 하는 동안 역役에서 열외입니다. 일리가 있습니다. 과거시험이 무슨 단번에 탁 붙는 운전면허시험도 아니고, 어떻게 다 급제할 수 있겠습니까?

문제는 이들 숫자가 많아진다는 겁니다. 자연스럽게 역의 불균등이 문제로 떠오릅니다. 그래서 조선후기가 되면 우암 송시열 (1607~1689) 등이 양반호포론을 주장합니다. 양반도 직역을 수행하지 못하면 군역을 담당해야 한다는 것이며, 다만 과거 준비를 해야 하니 군역 대신 포를 내게 하자는 의견이 대두됩니다. 이 주장이 나중에 우리가 배운 균역법으로 귀결되는 것입니다.

같은 농사도
시대에 따라 다르다

가끔 농산물 가격이 들쭉날쭉할 때가 있습니다. 예전처럼 자연재해 때문만은 아닙니다. 주로 수요와 공급의 불일치 때문에 생깁니다. 당근이나 양파를 심는 농가가 늘어나면 가격이 폭락하여 생산비도 나오지 않는다는 농민들의 푸념이 뉴스에 나옵니다. 어떨 때는 가격 폭락에 화가 난 농민이 논밭의 작물을 갈아엎는 일이 나오기도 합니다. 한 번은 아버지께서 그 장면을 보시고는 혀를 차십니다. "저러면 천벌 받지. 어떻게 먹을 것을……."

얼핏 들으면 아버지 말이 맞습니다. 농사를 짓던 외할아버지는 어린 손자들에게 늘 쌀 한 톨이 스무 가마라고 일러주셨습니다. 쌀한 톨도 심어서 이삭을 수확하기를 반복하면 한 사람이 농사짓는 동안 스무 가마가 된다는 말이라고 합니다. 그만큼 귀하게 여기라는 뜻이고, 거기에는 농사짓는 사람의 노고에 대한 예의가 들어 있다고 생각했습니다.

그러나 아버지의 말은 일리가 있지만, 역사성을 놓쳤습니다. 아버지 시대의 농업은 가족들이 먹고 살기 위한 방도였습니다. 쌀은 봄에 모내고 여름내 길러 가을에 수확합니다. 내가 살던 천안 성환읍은 주로 논농사를 짓습니다. 동네 사방이 논이고, 평택까지 평야가 이어집니다. 그래서 나는 어릴 때 보리밥 먹고 자랐다는 친구를 보면 이상하게 생각했습니다. 쌀이 없다는 게 이해되지 않는 거지요. 추수가 끝나면 외할아버지는 쌀가마를 싣고 서울에 사는 딸네집을 찾는 게 연례행사였습니다. 그 시대 한국의 엥겔지수를 낮춘건 낮은 농산물 가격과 함께 이런 시골 부모님들의 배려였고, 그덕분에 저임금에도 불구하고 도시로 간 자식들이 살아남을 수 있었습니다.

쌀은 물론 채소와 과일, 찬거리도 대개 집 근처에서 해결했습니다. 냉장고가 필요치 않고 부엌 찬장에 음식을 넣어둘 이유도 없었습니다. 텃밭 풋고추, 호박 따다 된장국 끓이면 되는데 무엇 하러미리 따다 냉장고나 찬장에 넣어놓겠습니까?

요즘 농사는 가족들의 자급자족을 위한 게 아닙니다. 상품으로팔기 위해 짓습니다. 상품을 팔아 돈으로 바꿔야 옷도 음식도, 애들 등록금도 차비도 마련할 수 있기 때문입니다. 오늘날 쌀이나 양파는 그것들이 가진 사용가치가 아니라 상품으로 바뀔 수 있는 교환가치로만 의미가 있습니다.

쌀의 역사성 변화

시대	용도	가치
조선시대	자급자족	사용가치
현대	상품	교환가치

그러므로 자신이 지은 농사를 갈아엎는 농부의 마음을 힐책할 수밖에 없던 아버지의 말씀 한켠에는 갈아엎는 행위에 담긴 역사성에 대한 인식이 빠져 있던 것입니다. 그 역사성을 인식할 수 있었다면 아버지의 노여움은 좀 덜하지 않았을까요? 아니면 더 진한 안타까움으로 바뀌었을까요?

모악산 아래 시골 동네 중인리에서 한 3년 할머니 혼자 사시는 집에 세들어 산 적이 있습니다. 모악산 등산 갔다가 아예 방을 얻어 출퇴근하게 됐지요. 주말이면 이곳을 많은 등산객들이 지나다닙니다. 길목에는 동네 할머니들이 가지·오이·상추·복숭아 등을 내놓고 팝니다. 가을이면 감·사과·단호박 등이 메뉴입니다. 대부분 몸이 불편한 할머니들은 팔 것들을 한데 모아놓고 손님을 기다립니다.

가끔 묵은 가지도 있고 쉰 오이도 있었던 모양인지, 지나가던 등산객이 자기들끼리 몇 마디 주고받습니다. "저번에 저거 샀더니 다 쉬었어." "나도 그랬는데, 맛도 없고." 친구인 듯한 사람이 맞장구를 칩니다. "요즘엔 시골 노인네들이 돈을 더 밝혀." 조금씩 비약이 시작됩니다. 그들에게 가지를 팔았던 할머니는 시골 노인네 전체를 욕먹이게 생겼습니다. 아니나 다를까, 옆에 있는 친구가 거듭니다. "그럼! 더하지! 지난번에 말이야……." 본의 아니게 듣게 된 대화였습니다.

직접 경험한 것은 한 번이지만, 어디선가 비슷한 상황을 들어본 듯합니다. 시골에 지나다가 과일 하나 따 먹었다고 고발한다 어쩐다 하고, 쓰레기 버렸다고 어쩐다 저쩐다 하고, 이런 얘기가 나올 때마다 시골 인심, 시골 사람을 들먹입니다.

이런 일반화가 타당한지, 그것이 사실이긴 한지, 도회 사람의 잘못은 없는지는 치워놓겠습니다. 우리의 관심에서만 보자면, 이 역시 역사성을 망각한 평가이자 판단입니다. 묻겠습니다. 도회 사람과 시골 사람 중 누가 더 돈(화폐)을 확보하기 쉬울까요?

예전에는 이웃끼리 서로 나누어 먹었습니다. 지금도 시골에서는 그렇습니다. 그런데 삶의 대부분은 화폐가 필요합니다. 농사짓는 걸로는 어림없습니다. 오죽하면 농촌에 노인만 남았겠습니까? 젊은 사람은 살 수 없는 곳이 돼버린 것이지요. 화폐가 필요한데, 노인들은 화폐를 구할 기회가 적습니다. 일용 노동이라도 해야 임금을 화폐로 받는데, 노인들을 돈 주고 고용할 자본은 드뭅니다.

자명해집니다. 돈이 필요한데 돈을 만들 기회가 적으면? 있는 돈을 지켜야 합니다. 조금이라도 들어올 곳이 있으면 만들어야 합니다. 이 생존 노력이 도회지 사람들에게는 '인심 사나워진 시골 사람' '돈만 밝히는 노인네들'로 보이나 봅니다. 이것은 시골 사람들의 욕망이나 의지의 문제이기 이전에 구조, 모든 것이 상품화된 시대라는 구조에 의해 1차로 규정된 사태입니다.

시대착오의
오류

역사성에 대한 인식이 중요한 이유는, 역사성을 놓치면 시대착오anachronism에 빠지기 때문입니다. 이 오류는 어떤 사건이 실제 일어난 시기(시대)가 아닌 다른 시기에 일어난 것처럼 묘사, 분석, 판단하는 것을 말합니다. 단순한 연대(날짜) 착오가 이런 오류를 낳을 수도 있습니다. 하나의 대상, 사건, 용어가 잘못 쓰이는 것도 마찬가지입니다.

시대착오의 오류 중 먼저 들 수 있는 것이 현재주의presentism의 오류입니다. 현재주의는 현재의 관점으로 과거의 어떤 사실을 해석하는 것입니다. 예를 들면, 트랙터를 사용하는 현재 농촌의 관점에서 호미와 쟁기를 사용하던 고려·조선의 농업을 해석하는 것이지요. 이런 오류의 대표적인 사례가 널리 알려진 '실학實學'이라는 개념입니다.

그동안 실학은 대략 "조선후기 반주자학 내지 탈주자학적 사상 조류로, 주로 17세기에 이수광李睟光, 유형원柳馨遠 등에서 태동하여 안정복安鼎福, 이익李瀷, 정약용丁若鏞, 박지원朴趾源, 박제가朴齊家 등 18~19세기 학자들에 의해 발전된 근대 지향적 사상"을 가리키는 말로 통용되었습니다. 그래서 실학은 탈중화脫中華, 민족주의, 민본주의, 과학주의를 내용으로 한다고 이해되어 왔습니다. 당연히 상공업을 중시했다고 이해했고, 봉건적 신분제 및 지주전호제 역시 부정하는 사상이라고 해석했습니다.

실학은 정인보鄭寅普, 문일평文一平, 안재홍安在鴻 등이 주도한 1930년대 조선학 운동의 일환으로 시작되어, 주자학의 '반민족적·반민중적·비실용적 학풍'에 대비되는 학풍으로 알려지기 시작했지요. 실학은 역사적 실재實在가 아니라 만들어진 개념입니다. 이후 실학은 주자학의 봉건성을 넘어선 사상, 자생적 근대화를 추구하던 사상으로 학계에서 널리 받아들여졌습니다. 말하자면 우리도 스스로 근대화할 수 있었음을 보여주는 증거의 하나로 여겨졌습니다.

그런데 그 '근대'가 문제입니다. 실학 논자들은 그 근대를 '보편사'로 받아들였기 때문에, 조선도 근대로 나아가고 있었다고 주장했던 겁니다. 보편사란 어느 민족·지역을 막론하고 이러저러한 과정을 거쳐 근대로 가게끔 되어 있다는 역사관입니다. 단계론 기억나시나요? 복습하는 중입니다. 흔히 이를 '대문자 역사' 'the History'라고 부릅니다.

그게 뭐가 이상하냐고 반문하는 분들이 있을 것입니다. 당연하지요. 우리가 그렇게 배웠으니까요! 근대야말로, 사실로나 가치로나 인류사의 귀결점이고 지향해야 시대라고 배웠으니까요. 민주주의, 자유, 이성, 과학……. 이것들이 근대를 규정짓는 용어이자 삶의 양식이라고 한다면 이해가 쉽지요. 과연 감히 어느 누가 이들의 가치에 대해 이의를 달겠습니까? 자본주의 맹아론과 함께 실학은 어느새 학계를 점령했습니다.

그러나 이런 근대는 지구상의 일부분에만 타당합니다. 대부분의 나라, 민족, 지역에서는 지금과 같은 근대를 자신들의 미래로 생각하지도 않았습니다. 감이 빠른 분은 눈치챘겠지만 현재주의는 현재의 합리화와 연결되어 있고, 또 결과주의와 연결되어 있습니다. 자본주의를 역사의 종말로 보든, 사회주의를 역사의 종말로 보든, 다시 말해 어느 쪽을 근대로 보든, 근대화를 절대선善으로 생각하는 역사주의가 풍미하던 시절에 실학은 유령처럼 조선시대 역사를 휘감아 돌았습니다. 그래서 조선사 연구는 정작 조선사 연구가 아니었습니다. 근대화를 설명하기 위한, 즉 현대사를 쓰기 위한 자료를 간헐적으로 제공하는 부수적 역사에 불과했습니다.

실학 개념에는 태생적 허구성이 있습니다. 조선성리학을 허학虛學으로 설정한 뒤 뭔가 탈脫조선성리학의 낌새만 보이면 실학이라고 이름 붙였거든요. 그런데 정작 허학으로 상정한 조선성리학이 무엇인지는 모르면서 '아무튼 실학'을 주장하다보니 실학을 주장하면 할수록 논리적·사실적 모순과 오류만 쌓이고 말았습니다.

뭔가 새로운 사상적 조류라고 한다면 존재론적 체계가 있어야 하지 싶었는지, 실학을 주장하는 논자들은 주기主氣 경향의 학자에게서 실학이 싹텄다고 보기도 했습니다. 그러나 '주기론자'의 대표인 율곡 이이의 제자들은 서인에서 소론/노론으로 이어졌으므로 당초 실학파의 그림에 어울리지 않습니다. 소론/노론이 '보수적·반민중적' 학파로 전제되었으므로, 그들은 실학파가 되어선 안 되기 때문입니다. 더 큰 문제는 아예 주리主理/주기主氣라는 구도 자체가 조선성리학을 설명하는 데 무척 무기력하다는 점이었습니다.

그동안 실학 개념에 대해서는 비판적 논고가 적지 않았습니다. 실학이란 말이 조선시대에 불교나 도교에 대해 유학을 가리키는 용어였다는 지적부터(한우근) 조선성리학이 곧 실학이었다는 논증(지두환), 실학 개념의 근대주의적 성격에 대한 통찰(김용옥), 조선시대 봉건제의 부재와 실학 개념의 비자립성에 대한 문제제기(한영우·오항녕), 주자학-반주자학 구도의 허구성(유봉학) 등이 그것입니다. 굳이 실학 개념의 '해체'를 말하지 않더라도, 부적절한 개념에 담긴 시대착오적 오류를 오래 가져가는 것은 바람직하지 못합니다.

역사의 단위는
오로지 100년?

역사학·철학·문학을 막론하고 퍼져 있는 전염병이 있습니다. 논문(또는 저서)의 대상을 부를 때, 꼭 세기世紀, century 단위로 구획하는 병입니다. 일종의 헥토-히스토리hecto-history입니다. 역사가 마치 프로크루스테스의 침대처럼 정확히 100년 단위로 잘리는 모양새입니다. 이에 대해 마르크 블로흐는 이렇게 불만을 토로했습니다.

우리는 더 이상 영웅의 이름을 따서 시대를 명명하지 않는다. 우리는 무척 사려 깊게 매 100년 단위로 각각의 시대를 셈한다. 그리스도의 탄생을 기점으로 1년에서 시작하여 모든 역사를 그렇게 센다. 13세기의 예술, 18세기의 철학, '볼품없는 19세기' 등등. 산수算數 마스크를 쓴 얼굴들이 우리들 저서의 페이지 곳곳을 배회한다. 우리들 중 누가 감히 이 명백히 편리한 유혹의 제물이 되지 않을 수 있겠는가?[17]

블로흐의 불만이 아니더라도, 선후배 역사학자들이 모인 자리에서는 이런 식의 시기구분에 대한 비판이 곧잘 도마에 오르곤 합니다. 잘 아는 사실이지만, 그레고리우스력이라고 부르는 서력西曆 기원은 한반도에서는 갑오경장 이후에 사용된 역법입니다. 따라서 그 전에는 아예 이런 연도 구분이 존재하지 않았지요. 60갑자甲子 또는 현재 임금의 재위 기간을 중심으로 '금상今上 몇 년'이라고 하든지, 중국 연호를 써서 '숭정崇禎 몇 년'이라고 썼을 뿐입니다. 그러니까 100년 단위로 인간 사회나 경험을 구획하는 것은 매우 근래의 일입니다. 그런데도 자주 씁니다. 편의성이 학문적 엄밀성을 압도하는 경우라고나 할까요? 이 역시 전형적인 현재주의이며, 시대착오의 오류 중 하나입니다.

04

재미있는 이야기, 역사

궁금해하는
사람들

역사에 대한 탐구는 궁금증에서 시작합니다. 나는 한국역사연구회 웹진에 올린 글에서 이런 말을 한 적이 있습니다.

역사공부를 하고 있다고 나를 소개하면 사람들은 재미있는 얘기를 해달라고 했습니다. 한동안 그게 싫었습니다. 원래 얘기를 좋아하는 편도 아니고, 무슨 역사학자가 옛날 얘기나 하는 사람인 줄 아느냐, 이렇게 생각했지요. 지금 보니 재미있는 얘기 해달라는 분들이 맞았습니다. 역사는 재미있는 이야기입니다. 울고 웃고, 기뻐하고 슬퍼하고, 무엇보다 안타까워할 수 있는 이야기. 그런 이야기를 할 수 있는 역사학자가 되고 싶은데, 그럴 수 있을지 모르겠습니다.

역사는 첫째가 진실의 축적이고, 둘째가 줄거리에 대해 이해할

수 있게 이야기하는 것이라고 말하는 학자도 있습니다.[18]

할머니에게 해달라던 이야기나, 역사학자인 나를 보고 해달라는 이야기는 같습니다. 특히 '재미있는 이야기'라는 공통점, 그것의 근원은 호기심입니다. 프랑스 역사학자 폴 벤느의 표현을 빌자면, 호기심은 '인식하고 서술하는 주체'인 역사가의 '일방적 주관성'이라는 의심을 받을 수도 있습니다. 종종 역사가의 욕망과 즐거움으로 나타나는 호기심에 역사서술이 종속된다, 끌려다닌다는 의미로 받아들여지기도 하여 비판의 대상이 되기도 했습니다.

그러나 호기심이란 '인류학적 차원에서 이루어지는 지적인 활동'입니다. 인간이면 피할 수 없다는 말입니다. 역사가의 '역사 쓰기'뿐 아니라 독자들의 '역사 읽기' 또한 근본적으로 '무엇인가를 알고자 하는 호기심'에 의해 이루어집니다. 이 호기심은 사회적인 요인들, 예를 들어 역사가의 사회적 위치·이해관계·이데올로기·독자의 계급성 등으로 환원될 수 없는 '무사무욕無私無慾한' 인류학적 차원을 가지고 있습니다. 국가든 전쟁이든 동성애든 음악이든 무엇이든지 역사의 대상이 될 수 있는 이유가 이 호기심이라는 인간의 속성에 있다고 봅니다.

호기심은 곧 질문으로 이어집니다. 궁금하면 묻는 것인데, 이게 중요합니다. 세상에는 두 가지 질문이 있습니다. 답이 나오는 질문과 답이 없거나 많아서 어떤 게 해답이라고 할 수 없는 질문이 그것입니다. 수학은 답이 나오는 질문이 대부분입니다. 오랫동안 못 푼 문제가 있다고는 하지만 시간이 걸릴 뿐이지 답은 나오게 되어 있습니다.

그에 비해 인생의 수많은 질문들은 아예 답이 없거나 여러 가지 답이 얽혀 있어서 어느 것 하나를 정답이라고 내놓기 어려운 경우가 많습니다. 사랑이 뭔지, 인생이 뭔지, 더 구체적으로 나는 왜 그녀에게 헤어지자는 말을 들었는지, 하루하루가 왜 이리 팍팍한지 등등.

답이 떨어지는 질문은 그것으로 끝납니다. 하지만 답이 없거나 여럿인 경우엔 질문이 질문을 낳기 때문에 질문 자체가 어쩌면 답인지 모릅니다. 질문하고 있는 그 자체가 중요합니다. 마치 스님들이 수양하면서 들고 있는 화두話頭처럼 말이지요.

불가佛家에만 화두가 있는 것은 아니지요. 나름대로 정의하자면 누구에게나 사라지지 않고 남아서 해결을 기다리는 문제의식, 풀려고 늘 지니고 다니는 문제의식이 넓은 의미의 화두가 아닐까 합니다. 역사를 공부하면서 갖게 되는 질문도 그런 화두와 근본적으로 다를 바 없다고 봅니다.

그러므로 공부란 답을 얻으려는 행위가 아니라 질문을 잘하기 위한 과정이라는 생각이 듭니다. 호기심이 질문을 낳기 마련인데, 우리는 그 호기심을 풀기 위해서라도 질문을 잘 다듬어야겠습니다. 질문을 잘 하는 것, 이게 모든 탐구의 첫 관문이라고 나는 생각합니다.

가끔 우스갯소리로 역사는 아버지가 둘이라는 말을 합니다. 서유럽에서 역사학의 아버지로 불리는 이는 헤로도토스입니다.[19] 그

각기 동서양 역사의 아버지로 불리는 사마천(왼쪽)과 헤로도토스. 두 사람은 공교롭게도 같은 제목의 대표작을 남겼습니다.

는 페르시아 전쟁을 다룬 『역사』라는 책을 썼습니다. 재미있는 사실은 동아시아에서 역사학의 아버지로 일컬어지는 분이 사마천司馬遷인데, 이 분이 쓴 저서가 『사기史記』로, 헤로도토스의 『역사』와 같은 제목이라는 점입니다. 그러니까 우리는 사마천과 헤로도토스라는 두 아버지를 모시고 있는 역사학도들인 셈이지요. 헤로도토스는 『역사』 1권 첫머리에서 다음과 같이 말했습니다.

이 책은 할리카르낫소르 출신의 헤로도토스가 인간 세계의 사건이 시간이 흐름에 따라 잊혀가고 그리스인과 이방인이 이룬 놀라운 위업들, 특히 양자가 어떠한 원인에서 전쟁을 하게 되었는가 하는 사정을 세상 사람들이 알지 못하게 될 것을 우려하여, 스스로 연구, 조사한 바를 서술한 것이다.

흔히 헤로도토스가 페르시아 전쟁을 후세에 전하려고 『역사』를 쓴 것으로 알려져 있습니다. 그가 이 전쟁에 주목한 것은 사실이지만, 『역사』는 지중해 지역의 세계사로 보는 편이 타당하며 『역사』의 내용을 전쟁으로만 환원시켜 읽는 것은 적절하지 않다고 생각합니다. 당시 지중해 지역을 요즘처럼 유럽 VS. 중동으로 이해하면 안 될 듯합니다. 같은 세계를 구성하고 있던 중국의 전국戰國시대 정도로 생각하는 편이 실상에 부합할 겁니다. 그가 다음과 같이 덧붙인 말에서 이런 점을 확인할 수 있습니다.

크든 작든 관계없이 사람들이 살고 있는 나라들(도시들)에 대해서 하나하나 논술하면서 이야기를 진전시키고자 한다. 왜냐하면 일찍이 강대했던 나라 대부분이 오늘날에는 약소국이 되었고, 우리 시대에 강대하게 된 나라도 전에는 약소국이었기 때문이다. 그러므로 인간의 행운이 결코 오래 계속되는 것은 아니라는 이치를 알고 있는 나로서는 대국도 소국도 똑같이 다루면서 서술해 가고 싶다.

〈300〉의
기원

그가 하고 싶었던 것은 이 지역의 '이야기'

였습니다. 헤로도토스의 이야기를 가지고 할리우드에서는 영화를 만들었지요. 영화 〈300〉이 그것입니다. 이 영화는 페르시아와 그리스의 전쟁을 배경으로 하고 있지만 '300'이란 숫자가 등장하는 또 다른 스파르타의 이야기를 헤로도토스의 『역사』에서 찾을 수 있습니다.

BC 6세기 무렵, 스파르타는 티레아라는 지역을 둘러싸고 아르고스와 분쟁에 돌입했습니다. 티레아는 본래 아르고스의 일부였는데 스파르타가 이곳을 떼어내서 자기들 땅으로 만들어버렸기 때문이지요. 아르고스 사람들은 빼앗긴 영토를 되찾기 위해 달려갔습니다.

회담 끝에 쌍방에서 300명씩 병사를 출전시켜 이기는 쪽이 문제의 지역을 소유하기로 하는 협정을 맺었습니다. 양군의 본대는 각자 자국으로 철수해 전투하는 곳에는 남아 있지 않기로 했고요. 그것은 본대가 남을 경우 어느 쪽이든 자군의 형세가 불리하면 응원하러 달려 나올 우려가 있기 때문이었습니다. 양측은 위의 협정을 맺고 철수했습니다.

쌍방에서 선발된 도합 600명의 병사들은 전장에 남아 결전에 들어갔습니다. 전황은 서로 백중지세였고, 해가 질 무렵이 되자 단 3명만이 살아남았습니다. 아르고스 쪽에서는 알케노르와 크로미오스가, 스파르타에서는 오트리아데스 단 한 사람이 남았습니다. 아르고스 쪽의 두 병사는 자신들이 이겼다고 생각하고 달려서 아르고스로 되돌아갔지만, 스파르타의 오트리아데스는 아르고스 군의 전사한 병사에게서 무기를 빼앗아 전리품으로 들고 자군 진영으로 복귀했습니다.

이튿날 양측 군대는 결과를 보기 위해 도착해서는 서로 자기편이 승리했다고 주장했습니다. 아르고스는 생존자 수가 많으므로 자기편이 승리했다고 주장했고, 스파르타는 상대는 도망쳐 돌아갔지만 자기편의 병사는 남아 적의 전사자의 무기까지 빼앗았기 때문에 자신들의 승리라고 주장했습니다. 듣고 보면 둘 다 일리가 있지요. 그럴 때 양보하지 않으면 힘으로 해결할 수밖에 없습니다. 마침내 전투가 벌어졌고 쌍방 모두 다수의 전사자를 낸 끝에 스파르타 군이 승리했습니다.

그들의
편견

할리우드에서 만든 영화 〈300〉에서 등장하는 숫자의 연원도 나름 근거가 있습니다. 스파르타 군대 300명이 페르시아와의 테르모필레 전투에서 전원 전사하면서 전설로 남은 것은 사실입니다. 스파르타 사람들은 레오니다스 왕의 유골을 테르모필레에서 스파르타로 옮겨와 매장했고 그 묘소에 기념비를 세웠는데, 여기에 300명의 이름이 새겨졌다고 전해집니다. 그것이 영화의 모티브가 된 겁니다.

영화 〈300〉에서는 마지막 전투를 앞둔 아침, 다른 동맹군의 병력을 철수시키고 레오니다스가 스파르타군에게 했던 연설을 덧붙입니다. 이 연설은 마지막까지 생존했던 인물의 입을 통해 전해지는 극적 형식을 띠면서, 마치 진짜 사실이었던 것처럼 배치되었습니다. 작가의 상상을 사실처럼 느끼게 해줄 수 있는 능력, 이러니까 할리우드가 장사를 하는 것이겠지요. 다음 두 연설을 비교해볼까요?

레오니다스: 수백 세대가 지나 사람들이 이곳에 올 것이다. 아마 바다 멀리 학자들과 여행객들은 고대에 대해 알고자 하는 열망과 과거에 대한 호기심을 품고 올 것이다. 그들은 우리의 평야를 돌아보고 돌과 파편을 보고 우리의 조국이 있었다는 것을 증명할 것이다. 그들이 우리에게 무엇을 배우겠는가? 그들의 삽은 아름다운 궁전이나 사원을 발굴하지 못할 것이다. 그들의 곡괭이는 영원한 건축이나 예술 작품을 파내지 못할 것이다. 그렇다면 스파르타인들은 무엇을 남기겠는가? 대리석이나 청동으로 만든 조각품이 아니라, 바로 이것, 오늘 우리가 이 자리에서 행하는 것을 남길 것이다.

크세르크세스: 스파르타의 역사마저 지워버릴 것이다. 그리스의 모든 문서를 불태워 없애버릴 것이다. 그리고 역사가의 눈을 뽑아 버릴 것이다.

레오니다스의 연설은 어떤가요? 듣고 가슴이 벅차오르지 않나요? 반면 초기 전투 뒤에 페르시아의 크세르크세스 왕이 레오니다스 왕에게 항복할 것을 설득하다가 실패한 뒤 분에 못 이겨 했던 말과 비교해볼까요? 크세르크세스가 남긴 언사는 굳이 역사학자가 아니더라도 반反역사적, 반反문명적이라고 느끼기에 족합니다. 이는 신비주의·오만·무력·노예·짐승·괴물 등으로 표상되는 동양의 모습 가운데 하나인데, 전형적인 할리우드식 오리엔탈리즘orientalism입니다. 동양을 야만 또는 지배 대상으로 규정하는 서양 제국주의의 사고와 인식에서 나온 결과입니다.

품위 있는
페르시아인

역사는 근본적으로 이야기이고, 그 이야기의 전달이지만, 그렇다고 왜곡하여 실상을 덮어서는 안 되겠지요. 정작 헤로도토스가 전해주는 페르시아 이야기는 영화와 다릅니다. 그는 페르시아를 답사한 적이 있지요. 그리고 다음과 같은 기록을 남겼습니다. 군더더기 말을 덧붙이느니 그의 말을 경청하는 편이 사실 이해에 더 나을 듯해서 인용해두겠습니다.

페르시아인은 우상偶像을 비롯한 신전이나 계단을 짓는 풍습이 없고 오히려 그렇게 하는 자는 어리석게 여긴다. (…) 페르시아인은 술을 매우 좋아하지만, 페르시아에서는 사람 앞에서 토하거나 방뇨하는 것을 허용하지 않는다. 이 일은 엄중히 지켜지고 있지만, 중요한 일은 술을 마시면서 상의하는 습관이 있다. 그 회의에서 모두 찬성한 것이라도, 회의장으로 제공된 집의 주인이 이튿날 술에서 깬 일동에게 전날의 결정사항을 재론하여 술 깬 상태에서도 찬성을 얻으면 채택되지만, 그렇지 않으면 폐기한다. (…)

마찬가지로 내가 칭송하고 싶은 것은 페르시아 국왕조차 단 한 번의 죄로 사람을 죽이는 일이 없다는 것, 또한 기타 일반 페르시아인들도 자기 하인에게 단 한 번의 과실로 치명적인 고통을 주는 일은 결코 없다는 것이다. 주인은 깊이 생각하여 하인이 저지른 실수가 그 공적보다 많거나 또는 크다고 확인될 때 비로소 벌을 내린다. (…) 페르시아에서는 해서는 안 되는 일은 또한 입 밖에 내서도 안 된다. 페르시아에서 가장 치욕적인 행위는 거짓말을 하는 것이며, 그 다음으로는 돈을 빌리는 것이다. 돈을 빌리는 것을 싫어하는 이유는 여러 가지가 있지만, 가장 큰 이유는 돈을 빌리게 되면 아무래도 거짓말을 하게 되기 때문이다.

우상의 풍습이 없다는 것, 결정한 내용을 재심하는 관례가 있다는 것, 함부로 사람을 죽이지 않는다는 것, 처벌을 신중히 한다는 것, 거짓말을 하지 않는다는 것 등이 페르시아에 대한 그의 관찰입니다. 이 대목에 이르면 문득 헤로도토스가 영화 〈300〉을 보았다면 뭐라고 했을지 궁금해집니다.

줄거리 있는
이야기

거듭 역사는 지난 경험에 대한 이야기입니다. 문제는 그 경험이라는 게 온전히 전해지지 못하고 구멍이 숭숭 뚫려 있다는 것입니다. 어떤 흔적이나 기록도 과거에 대한 완벽한 실측도가 될 수는 없습니다.

그렇지만 역사적 진실은 상대적인 것도 아니고, 모든 관점을 넘어서 존재하는 그 무엇도 아닙니다. 실측도는 아니지만 진실에 다가갈 수 있는 끈이 있습니다. 바로 사실·사건이 고립되어 존재하지 않는다는 점입니다. 개별적인 게 아니라, 듬성듬성하지만 연결되어 있는 겁니다. 마치 잎이 떨어지고 가지가 부러졌어도, 서로 나무로든 숲으로든 연결되어 있는 것과 비슷합니다. 이를 줄거리 intrigue라고 부르겠습니다.

이런 줄거리 때문에 역사는 자연히 문학작품이나 영화의 소재를 제공하게 됩니다. 역사소설이나 사극이 그 결과입니다. 실제로 역사학자가 영화에 자문을 맡는 일은 흔합니다. 프랑스와 할리우드에서 모두 영화화된 실화가 있습니다. '마르탱 게르의 귀향'이라는 이야기입니다. 할리우드에서는 〈써머스비Sommersby〉라는 영화로 각색되었습니다. 리차드 기어와 조디 포스터가 주연을 맡았습니다. 지명도와는 달리 〈써머스비〉보다 프랑스 배우 제라르 드빠르디유가 연기한 〈마르탱 게르의 귀향Le Retour De Martin Guerre〉이 더 완성도가 높았던 것으로 기억합니다.

내용은 이렇습니다. 16세기 프랑스 피레네 산맥 근처 아르티가 마을에 살았던 농부 마르탱 게르는 어느날 아내와 자식을 두고 집을 나갑니다. 그러다 8년만에 자신이 마르탱 게르라고 주장하는 한 남자(아르노)가 나타납니다. 외모가 비슷한 데다 본인이어야 알 만한 이야기들을 꺼내자 가족과 마을 사람들은 그를 진짜 마르탱으로 믿고 받아들입니다. 그렇게 돌아온 마르탱과 그의 아내는 다시금 평온한 결혼생활을 하지요. 딸도 갖게 되고, 농사일도 열심히 합니다. 몇 해 뒤에 마르탱이 삼촌과 재산다툼을 벌이는 와중에 그가 가짜 마르탱 게르라는 의혹이 생겨나고, 이를 계기로 재판에 회부됩니다. 마르탱이 자신이 진짜임을 납득시키는 데 거의 성공할 무렵, 재판정에 증인으로 진짜 마르탱 게르가 등장하고, 가짜 마르탱이라는 게 들통난 아르노는 모든 사실을 고백하고 교수형을 당합니다.

영화의 자문을 맡았던 나탈리 제먼 데이비스는 영화가 완성된 뒤 이 이야기에 대한 역사서를 집필합니다. 영화만으로는 '실제로 무슨 일이 일어났는지' 설명하기 어렵다는 것이지요. 120분 전후의 러닝타임, 흥미를 위한 생략과 강조 등은 영화의 한계입니다.

데이비스는 재판에 참여했던 장 드 코라스 판사의 『잊을 수 없는 판결』이란 책과 1547년 브르타뉴의 변호사 노엘 뒤 파이가 발간한 『시골 이야기』를 토대로 당시의 상황 속으로 들어갑니다. 그는 아르티가 코뮌 문서고를 비롯한 7개 지역 문서고와 국립 문서고의 자료를 이용해서 당시 사람들의 생활방식·신념·태도를 결정하는 문화를 설명합니다. 이를 통해 그는 주요 인물들 활동무대의 지리적 특성, 경제활동, 사회 구조, 토지 소유 및 상속과 관련된 관습 등 이야기를 이해하고 상상하는 데 매우 유용한 정보를 제공하지요.

대개 어떤 사실이 밝혀지고 논문이나 책으로 간행돼 나오면 그 중 일부를 각색해서 영화나 드라마를 만드는 것이 일반적이었습니다. '마르탱 게르의 귀향'은 거꾸로 영화로 먼저 제작되고서 책이 나온 경우인데, 영화가 역사를 담아내지 못한다는 생각을 한 역사학자가 작심하고 책을 내는 과정이 담긴 재미있는 사례이기도 합니다. 그는 이렇게 말합니다.

> 여기 제시하는 것은 부분적으로 나의 창안물이지만, 과거의 목소리를 통해 엄격히 점검된 창안물이다.[20]

그의 창안은 근거 없이 지어낸 이야기나 상상 자체에서 나온 것이 아니라 바로 사실에서 시작된 추론의 결과라는 뜻입니다. 데이비스의 작업에서 보듯 어디까지나 역사는 사실을 전달하는 것이 사명입니다. 이런 점에서 요즘 항간에 가끔 등장하는 팩션faction이란 말은 역사의 이야기와 어울리지 않습니다.

팩션은 팩트(사실)과 픽션(허구)의 합성어라고 합니다. 그러니 아직 국어나 영어 사전에는 올라 있지 않습니다. 대략 "팩션이란 팩트fact와 픽션fiction을 합성한 신조어로, 역사적 사실에 근거하여 새로운 시나리오를 재창조하는 문화예술 장르를 가리킵니다. 주로

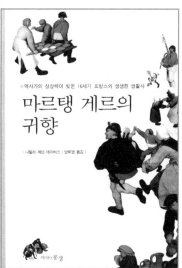

영화 〈마르탱 게르의 귀향〉(왼쪽)과 나탈리 제먼 데이비스가 쓴 『마르탱 게르의 귀향』.
실재한 하나의 사건을 모티브로 삼았지만 각각 영화와 역사서로 남았습니다.

소설의 한 장르로 사용되었지만 영화·드라마·연극·게임·만화 등
으로도 확대되는 추세이며 문화계 전체에 큰 영향을 미치고 있
다"[21] 정도로 이해하면 되겠습니다. 역사의 이야기와 팩션이 다른
점은 이렇습니다.

어떤 사전에서는 팩션이 문학의 영역인 듯 설명하고 있으나 아
직 잘 모르겠습니다. 다만 역사를 표방하는 사람들이 종종 언급하
고 있으니 역사학도 입장에서는 그냥 지나칠 수가 없군요.

역사를 소비하는 방식은 여러 가지가 있을 수 있습니다. 영화,

드라마, 게임, 축제 등으로 말이지요. 예를 들어 내가 좋아하는 배우 전지현, 김수현이 나왔던 드라마 〈별에서 온 그대〉를 퓨전 사극이라고 부릅니다. 사극史劇은 역사[史] 드라마[劇]라는 말입니다. 혹시 이 드라마를 보고 김수현(도민준)이 400살이 넘었다거나 조선시대에 살았던 것이 사실이라고 믿는 분들이 있나요? 아마 없을 것입니다.

그렇다고 사람들이 드라마를 허구로만 보는 것 같지는 않습니다. 어떤 드라마가 유행할 때 역사학도가 가장 많이 받는 질문이 '그거 정말이야?'입니다. 드라마 〈해를 품은 달〉이 인기일 때도, 영화 〈광해—왕이 된 남자〉가 인기를 끌 때도 마찬가지였습니다. 본 것도 있고 안 본 것도 있지만, 본 것에 관해서만 말하자면 이렇게밖에 답변할 수 없습니다.

"정말이냐구요? 아닙니다!"

아직 학계나 문화계에 역사와 허구, 이야기와 팩션의 경계에 관한 공감대는 없습니다. 그렇다고 무언의 상식이 있는 것 같지도 않습니다. 우리 사회만 그런 게 아니라 외국 드라마나 영화도 마찬가지입니다. 이미 영화 〈300〉에서 확인했습니다. 이 점은 매우 흥미로운 현상이기도 합니다. 그 경계는 어디일까요? 바로 위에 답이 있습니다. 추론과 허구의 경계가 그것입니다. 글자 그대로 추론과 허구는 다른 말입니다. 표준국어대사전의 정의입니다.[22]

추론: 어떠한 판단을 근거로 삼아 다른 판단을 이끌어 냄.

허구: 실제로는 없는 사건을 작가의 상상력으로 재창조해 냄. 또는 그

런 이야기

추론과 허구는 이렇게 다릅니다. 추론은 사실에 기초하지만, 허구는 사실을 지어냅니다. 역사 또는 역사학은 지어낼 수도 지어내서도 안 됩니다. 공자는 '있는 대로 기록하고 지어내지 않는다[述而不作]'는 슬로건을 내세웠습니다. 이것이 역사학도로서 공자가 지닌 원칙이었고, 지금까지 역사학의 몫이기도 합니다. 역사를 어떻게 활용하고 소비하든 그것은 다음 문제입니다.

당연히 영화나 게임에서 허구의 필요성을 부정하는 것이 아닙니다. 인간이 즐기는 놀이의 영역에서 흥미를 더하기 위해 허구는 반드시 필요한 장치입니다. '노는 인간Homo Rudens'은 분명 인간의 특성 중 하나입니다. 호불호, 부적절 여부를 따질 일이 아닙니다.

추론 역시 사실에 기초하지만 추론이 곧 사실은 아닙니다. 종종 추론과 사실을 구별하지 않는 역사학도가 있는데 이는 조심해야 합니다. 바로 나를 두고 하는 말입니다. 나는 종종 추론에 대한 확신으로 '……인 듯합니다'라고 서술해야 할 곳을 '입니다'라고 서술하는 오류를 범하기도 합니다. 이러면 안 됩니다.

역사는 실제 일어났던 사건들의 이야기입니다. 풀어서 말하자면 이야기를 구성하는 어떤 사실이 역사로서의 품위를 갖추기 위해서는 한 가지 조건만 충족시키면 됩니다. 실제로 일어났으면 됩니다. 좀 실망스러운가요? 시시해 보이나요? 그런데 이 평범함이 역사를 생동감 있게 만드는 것이 신기하지 않나요? 그래서 오늘도 우리 역사학도들에게 사람들은 주문합니다.

4부

오해와 이해의 갈림길

사사로운 이해로 역사를 왜곡할 때 역사탐구에 오류가 발생합니다. 이런 오류는 의외로 큰 힘을 발휘합니다. 특히 국가가 식민사관이나 전체주의 방식으로 역사탐구에 개입하는 경우가 그렇습니다.

'여러 역사' '작은 역사'에 주목하는 이유가 여기에 있습니다. 첫째, '역사=국사'가 아닙니다. 여러 차원·영역의 역사가 인간을 형성하고 또 인간이 그런 역사를 만들어갑니다. 둘째, 그렇기 때문에 '여러 역사'와 '작은 역사'는 권력에 동원될 수 있는 국사의 횡포를 막아낼 댐이 됩니다.

궁극적으로 역사탐구는 사람들 사이의 이해를 증진시킵니다. 내 하루하루의 기록에서 시작하고 완성되는 역사탐구는 자기-이해의 출발이며, 소통-공감의 첫걸음입니다. 의외로 우리는 스스로의 역사를 외면해왔습니다. 그래서 이런 얘기를 먼저 하고 시작합니다.

현대 역사학에서는 국가권력이 역사서술에 개입하는 것이 숙명이다.
그럴 때 '여러 역사' '작은 역사'는 방부제가 된다.
나아가 '작은 역사'에서 모습을 보여주지 않는 '큰 역사'는 유령이다.

01
정치와 역사의 긴장

서글픈
논쟁

　　　　인간은 세계와 사회에 대한 가치와 태도를
가집니다. 그것이 역사를 보는 눈에 영향을 미칩니다. 그런데 종종
이것이 지나쳐서 사실 왜곡으로 치닫는 경우가 있습니다. 지금 다
룰 역사 교과서 국정화가 그 대표적인 사례입니다. 그리고 이 문제
는 한 차례로 그치는 것이 아니라, 계속 고개를 들 재발성 양상이
기 때문에 임상 사례로 다루어 보겠습니다. 현장중계 하나 먼저 보
실까요?

등장인물: 착한 시민 1·2·3, '좌파' 역사 교수

장소: 강원도 춘천

일시: 2015년 10월 어느 날

상황: 착한 시민 3의 초대로 함께한 자리. 초면이지만 소고기를
맛있게 먹으며 담소를 나누다가, 마침 그 자리에 역사 교수가 끼어

서인지, 착한 시민들이 물었다.

착한 시민 1: 근데 요즘 국사교과서에 6·25를 남침이 아니라 북침이라고 썼다매요?

'좌파' 교수: 네? 처음 듣는데요? 어디서 보셨어요?

착한 시민 2: 제가 좀 보수 쪽이라……. 언론에서 다 그렇게 얘기해요.

'좌파' 교수: 어떤 언론이요?

착한 시민 1, 2: 다 그래요.

'좌파' 교수: 그러니까, 어떤 언론이요?

착한 시민 2: 종편도 그렇고 신문도…….

'좌파' 교수: 6·25를 북침이라고 쓴 교과서는 없습니다. 북침인 것처럼 쓴 교과서도 없구요.

착한 시민 1, 2: 에이, 아니라던데요?

'좌파' 교수: 어떤 교과서가 그렇다던가요?

착한 시민 2: (고기를 한 점 집으며) 다요!

'좌파' 교수: (조금 짜증이 나기 시작한다.) 그러니까 어떤 교과서인지 알아야 맞다, 틀리다, 답을 하지요?

착한 시민 2: 다 그렇대요!

'좌파' 교수: 저도 교과서 정도는 다 봅니다. 그럴 수가 없어요. 교과서는 교육부 지침에 따라 쓰고요. 6·25를 북침이라고 쓴 교과서를 놔두었다면 먼저 국사편찬위원회, 교육부를 먼저 용공으로 고발해야지요.

착한 시민 1: (반복) 다 빨갱이가 쓴 거래요. (그는 '좌파' 교수의 말은 듣지 않는다.)

착한 시민 2: (좀 더 진지하게) 광주사태 때 북한 공작원 내려왔다면서요?

'좌파' 교수: 처음 듣는데요.

착한 시민 2: 행방불명자 중에 DNA를 확인했는데, 연고가 없는 사람이 있대요.

'좌파' 교수: 누가 그래요.

착한 시민 2: 다 그러던데요?

'좌파' 교수: 출처를 알아야 판단을 하지요.

착한 시민 2: 조선일보나 종편에서 다 그래요.

'좌파' 교수: 6·25북침 교과서나 마찬가지로 확인되지 않은 일입니다.

착한 시민 1: 빨갱이들이 일으킨 거예요, 빨갱이!

'좌파' 교수: 다 알고 계시는데 왜 물어보셨어요, 나한테?

착한 시민 3: 밥 드시지요.

사실을 받아들이지 않는 시민들에게 나도 불편했고, 자신들의 견해를 증명받지 못한 착한 시민 1,2도 불편했습니다. 예상대로 결국 그 자리는 오래가지 못했습니다. 착한 시민 3은 못내 미안한 얼굴로 죄인처럼 앉아 있었습니다.

시민 1은 칠십 평생을 자식들을 위해 일만 하며 살아온 분입니다. 지금도 규칙적으로 운동하면서 건강히 지내고 계십니다. 시민 2는 경찰공무원입니다. 매우 상식적이고 어른들에게 예의도 바르고, 무엇보다 젊습니다.

우리를 갈라놓는 자들

위의 일화는 한국사 교과서 국정화 논의가 우리 시민들을 어떻게 갈라놓는지 보여주고 있습니다. 교육부총리·국무총리·여당 대표까지 나서서 그동안 검인정 교과서가 매우 잘못된 듯 떠들어댔는데, 그중에는 6·25 한국전쟁을 북침으로 서술했다느니, 북한 주체사상을 옹호한다느니 하는 말까지 있었습니다. 자주 가는 인터넷 카페에서도 논란이 있기에, 다음 두 가지 사실을 인정한 뒤에 논의를 하자고 제안했습니다.

① 한국전쟁이 북침이라고 주장하는 한국사 교과서는 없습니다.

② 북한 주체사상을 옹호하는 한국사 교과서는 없습니다.

10월 그 술자리는 정말 오붓하고 즐거울 수 있는 자리였습니다. 이해관계가 얽힌 자리도 아니고, 그저 좋은 인연으로 춘천을 방문한 나를 환영하는 자리였습니다. 비싸지는 않지만 맛있는 안주와 술까지 있으니 이 아니 좋을쏘냐, 소리가 절로 나오는 시간이었습니다. 그런데 한국사 교과서 국정화 얘기가 나오는 순간 분위기는 차게 식었습니다.

상식적으로 역사 교수니까 정답을 말해주리라는 기대를 갖고 질문했을 겁니다. '약은 약사에게, 진료는 의사에게' 같은 상식이지요. 그런데 상식은 금세 온데간데없이 사라졌습니다. 그들은 의사의 말을 듣고도 자신의 병을 인정하지 않았습니다. 암 진단을 내리는 의사에게 '에이, 언론에서 아니라는데?'라고 답변하는 겁니다. 거기에 없는 사실까지 사실로 확신하며 오히려 의사를 몰아붙입니다. 왜 이런 일이 생길까요? 아주 성실하고 법 없이도 사는 시민들을 이상하게 만드는 논법 말입니다. 초면의 예의도, 기초 사실에 대한 인정도 사라지게 만드는 마법의 소용돌이의 정체는 뭘까요?

그날 저녁 착한 시민들과 헤어진 뒤 숙소로 돌아와 많은 생각을 했습니다. 처음에는 괘씸하기도 했고 허탈하기도 했습니다. 조금 지나니까 문제가 선명해지기 시작합니다. 그것은 패싸움 프레임이었습니다.

패싸움
프레임

부패와 불의를 감추는 가장 좋은 방법이 뭔지 아시는지요? 부패와 불의에 대한 비판을 적의 비판으로 바꾸는 것입니다. 우리의 적이 나를 공격한다, 뭉쳐서 대응하자, 이렇게 말입니다. 몇 해 전 부실투성이로 판명난 교학사 한국사 교과서는 이런 전술을 그대로 써먹었습니다. 좌파 역사학자들이 우파 학자들을 공격한다고 말입니다.

이 일련의 과정은 교과서 검정제를 무력화하고 결국 교육부가 지정하는 '국정교과서' 체제로 가려고 하는 것이었습니다. 여러 교과서를 놓고 선택할 수 있도록 종전보다 그나마 나아진 한국사 교과서 제도를 군사독재시대의 것으로 되돌려 왜곡된 역사를 '주입, 세뇌'시키려는 것입니다.

아니나 다를까요? KBS 전주방송에서 나와 토론한 바 있는 권희영 교수는 검정교과서가 모두 좌파라며 국정교과서로 가야 한다고 거품을 물었습니다. 그는 북한이 전체주의라서 싫다고 했습니다. 민중사관에 대해서는 거의 발작적 거부감을 보였습니다. 민주주의 사회에서 민중사관을 부정한다는 게 무엇을 의미하는지 몰랐던 걸까요? 그것은 헌법 가치의 부정이고, 민주주의의 부정입니다. 이런 권 교수의 행태가 전형적인 파시즘입니다. 나는 전체주의를 주장하고 실현하려는 자들을 파시스트라고 생각하는데, 그는 자신과 다르면 전체주의라고 생각합니다.

결국 불량 교과서를 만들었다가 채택률 0.01%의 수모를 당하자 아예 정권을 이용해서 국정화하겠다고 나선 것입니다. 이것은 정치를 하는 바른 태도도 아니고, 역사를 배우는 태도는 더욱 아닙니다. 시정잡배들의 막무가내입니다.

1974년 3차 교육과정 때 처음 한국사 교과서 국정화를 했습니다. 유신체제를 합리화하려는 시도였습니다. 그때는 국정화에 대한 역사학계의 견해가 갈렸습니다. 하지만 이번에는 다릅니다. 거의 모

역사교과서 국정화 문제에서 정부여당이 보여온 편가르기와 색깔론은 '올바른 역사교과서'라는 작명에서 절정에 달했습니다. 기존의 검인정 교과서를 모조리 그릇된 교과서, 국정화 반대자들을 올바르지 못한 자들로 규정짓는 것은 막무가내식 조폭 싸움과 진배 없습니다. (국민일보, 2015년 10월 13일)

두 집필은 물론 심의도 거부하겠다고 나섰습니다.

역사학자들이 잘나서가 아니라, 엄연히 밝혀진 사실들이 있기 때문입니다. 그래서 역사학계의 90% 이상이 이승만·박정희를 축으로 한국 현대사를 조작하려는 시도에 동의할 수 없다고 성명서를 냈던 것입니다. 이를 부정할 논거가 없자, 총리까지 나서 국정화에 반대하는 역사학자를 좌파라고 규정하면서 '사실 다툼'이 아니라 '조폭 싸움'으로 몰고 갔던 것입니다. 진실을 숨기는 데는 패싸움 프레임만큼 좋은 방법이 없기 때문입니다.

역사의 진실을 편가르기 논리로 치환하려는 시도는 계속될 것입니다. 교학사 교과서의 경험에서 볼 수 있듯이, 그래야 연구능력의 부족과 교과서의 부실을 가릴 수 있기 때문입니다.

한편 역사학에는 사론史論이 포함되어 있습니다. 사론에는 정론正論도 있지만 선전선동도 포함된다는 점에서 사실 왜곡은 역사학의 숙명이기도 합니다. 그렇더라도 자동차 엔진오일로 닭 튀기고 남은 폐유를 넣는 바보는 없듯이, 실력 없는 역사학자들이 만들 불량 한국사 교과서로 소중한 학생들의 머릿속을 더럽히는 일은 막아야 합니다.

02

역사수정주의

에펠탑보다
중요한 것

　　　　　　　　'문명civilization'이란 말, 참 많이 씁니다. 이 말
은 19세기에 등장했습니다. 문명이 서유럽 백인들의 자기의식이
된 것은 대략 1850년 전후입니다. 근대의 산물이라는 뜻이죠.

　몇 년 전, 베이징에서 열린 ICA(국제기록위원회) 분과회의에 참
석한 적이 있습니다. 똑똑해 보이는 프랑스 국립기록관 직원 한 사
람이 눈에 띄었습니다. 30대 중반 정도였는데 자기 의견도 분명하
고 정연하게 전달하는 모습이 보기 좋았습니다. 잠깐 얘기를 나눌
기회가 있었습니다.

　"(약간 내려다보듯이) 한국에서도 공공기록을 관리하는 시스템이
갖추어져 있느냐?"

　"그렇다. 법률도 있고, 아키비스트도 각 기관에 배치하고 있다.
실록이라고 들어봤느냐?"

　"모른다."

"조선시대 500년의 일기이다. 유네스코 기록유산이다."

"그러냐!"

"프랑스는 1789년 대혁명 이후 모든 기록을 시민의 재산으로 선언했다고 들었다. 매우 역사적인 일이다."

"(매우 프라이드를 느끼는 얼굴로) 세계사적 사건이다. 시민의 권리, 역사로서 기록을 관리한 것이 2세기를 넘었다. 현대사는 프랑스혁명부터 시작되었다."

"그런데 프랑스혁명 100주년에 무슨 일이 있었는지 아느냐?"

"(처음으로 멍청한 얼굴이 되어) …… "

"어렵게 생각하지 마라. 파리 만국박람회가 바로 프랑스혁명 100주년 기념행사였다."

"(자신감을 되찾고) 아! 그건 나도 안다. 에펠탑도 그때 세운 거다."

"맞다. 파리 하면 에펠탑이 생각난다. 근데 너 에펠탑 옆에 뭐가 있었는지 아느냐?"

"(다시 멍청한 얼굴이 되어, 그러면서 별걸 다 물어본다는 눈으로) 모른다."

"파리에서 에펠탑만 기억하는 건 또 다른 왜곡이라고 생각한다. 이걸 기억해야 한다. 정말 프랑스혁명을 모독한 이것 말이다. 이걸 기억하는 것이 곧 위대한 인류의 자산으로서의 프랑스혁명을 계승하는 것이다."

그날 저녁 그는 나에게 맥주를 한 잔 따라주었습니다. 존경하는 눈빛이었다(고 나는 생각합니다). 위에서 말한 '이것'이 무엇일까요? 무엇이었기에 똑똑한 프랑스 사관史官이 작고 볼품없는 한국 역사 학도에게 (존경하는 눈빛으로) 술을 따르게 되었을까요?

식민지관입니다. 유럽의 자칭 '문명인'들, 세계 곳곳의 식민지에서 각종 인종들을 끌고 와서 이른바 '식민지관'을 만들어 전시했습니다. 식민지관은 1855년 런던 만국박람회 때 최초로 등장했습니다. 이때만 해도 일회성 행사에 가까웠습니다. 하지만 1870~71년 프랑스와 독일의 보불전쟁 이후 경영위기 타개책으로 시작된 동물원의 원주민 전시가 식민지관의 인종 전시로 형식이 바뀌었고, 이것이 1889년 파리 만국박람회부터는 제도화되기에 이릅니다.

산업혁명의 성과를 세계에 자랑하는 게 만국박람회였습니다. 자본주의 발전을 한껏 과시하는 마당이었던 것이지요. 1889년에 열린 파리 만국박람회는 프랑스혁명 100주년을 기념하는 박람회이기도 했습니다.

역사수정주의의
위험

그러나 자유·평등·우애를 기치로 내걸었던 프랑스혁명의 이상은 파리박람회에서 찾아볼 수 없었습니다. 바로 식민지관 때문입니다. 프랑스 문명인들은 자본주의 팽창에 도취되어 식민지 인종 전시를 당연하게 생각했지만, 그 전시된 인종 역시

1889년 파리 만국박람회 기념작인 에펠탑 옆에는 여타 인종을 전시하는 식민지관이 있었습니다. 1931년까지도 식민지관이 계속 전시되었음을 보여주는 포스터.

자유롭고 평등하며 우애롭게 살 자격을 가진 인간이라는 점을 간과했습니다. 그리고 그때 만들어진 식민지관은 사람들의 기억 속에서 사라졌습니다. 그러나 같은 박람회 때 만들어진 또 하나의 기념물은 여전히 남아 우리의 기억을 왜곡하고 있습니다. 그 기념물이 뭘까요? 그렇습니다, 에펠탑입니다.

나는 사라져버린 식민지 인종전시관과 에펠탑을 같이 기억해야한다고 생각합니다. 그래야 왜곡이 적어진다고 생각합니다. 이렇게 사실의 빈틈을 통하여 다른 해석을 제시하는 경향을 역사수정주의라고 합니다. 이 또한 역사와 역사학의 숙명입니다. 역사가 관심과 관점에 따라 다르게 볼 수 있다는 숙명, 그러므로 수정주의는 선도 악도 아니라 자연스러운 일입니다. 다만 그 자연스러움 속에 또한 왜곡이 묻어오는 경우가 많습니다.

프랑스의 모리스 바르디슈 같은 사람은 부정적 역사수정주의의 좋은 본보기가 됩니다. 그는 나치의 제노사이드Genocide(인종학살)가 조작이라고 주장합니다. 유대인들의 증언·자료는 위조이며, 독가스실이라는 것은 존재할 수 없기 때문에 있을 수 없었다고 주장합니다. 믿을 수 없는 일은 일어날 수 없다는 논법이지요.

이러한 주장과 논법들은 곳곳에서 찾아볼 수 있습니다. 이스라엘의 가자지구 폭격으로 민간인 피해가 늘어나고 어린아이들이 피투성이가 돼도 이스라엘 방송은 아무 일 없다는 양 태연합니다.

지금도 역사수정주의는 작동하고 있습니다. 2015년 12월 일본군 위안부 문제를 한일 양국이 협상으로 타결했다는 보도가 나왔습니다. '최종적이고 불가역적으로' 합의했다고 합니다. 그런데 벌써 소녀상 이전 문제에 대해 양측 해석이 엇갈리고, 사태에 대한 일본 정부의 법적 책임 유무를 놓고 정신대대책협의회 할머니뿐 아니라 시민들 사이에서도 부정적인 여론이 짙습니다. 이런 차에 불길한 조짐이 보입니다. 다음 보도가 그것입니다.

일본군 위안부 문제에 대해 한·일 양국 간 최종적 합의가 발표됐지만, 일본 측의 잇따른 말 바꾸기로 합의의 판이 뒤흔들리고 있다. 위안부 지원 재단을 위한 기금 출연에 위안부 소녀상 이전이 전제돼 있다는 등 자국 여론 달래기로 보기에는 도가 지나친 일본 측의 해석은 한국 정부뿐만 아니라 위안부 피해자를 비롯한 한국 국민들까지 당혹스럽게 하고 있다. 게다가 일본 극우 세력까지도 이번 합의에 반발하며 아베 신조安倍晋三 일본 정권을 압박하고 있어 향후 일본의 말 바꾸기나 판 뒤집기가 계속될 수 있다는 우려까지 나오는 상황이다. 아베 총리는 "이번에 한국 외교장관이 TV 카메라 앞에서 불가역적이라고 말했고 그것을 미국이 평가한다는 절차를 밟았다"며 "이렇게까지 한 이상 약속을 어기면 한국은 국제사회의 일원으로서 끝난다"고 말했다고 산케이産經신문은 전했다.[1]

협박 수준의 발언입니다. 아베 총리 말입니다. 이번 협상을 다시 돌아봐야겠습니다. '다시 논의하여 바꿀 수 없다'는 뜻이 '불가역적'이라는 말입니다. 잘못은 바로잡는 게 도리이고, 역사는 그렇게 진실에 다가가는 법입니다. 어떻게 되는지 지켜보겠습니다. 아무튼 이 시대 한국사회의 시민으로 산다는 것, 참 아슬아슬합니다.

승패가 아니라
비극

7월의 더운 어느 날, 전북 김제 청소년센터에서 고등학생들과 1박2일로 인문학 포럼을 했습니다. 여기서도 역사의 해석 문제가 거론되었습니다. '역사는 승패가 다가 아니다, 매우 일부일 뿐이다'라는 나의 설명에 어떤 학생이 불만을 표시했습니다. 그의 얼굴에는 불만을 넘어 분노가 가득했습니다.

"지금 세월호 침몰은 진상조차 밝히지 못했습니다. 결국 승자가 원하는 방식으로 발표되고 파묻히는 거 아닙니까? 이런데도 어떻게 역사에 승패가 없다고 할 수 있습니까?"

그의 분노를 모르는 것이 아닙니다. 하지만 아닙니다. 나는 대답했습니다.

"그게 왜 승패의 문제죠? 진상을 밝히는 것과 밝히지 않는 것은 정의와 불의의 문제 아닌가요? 세월호 사건 자체는 승패의 문제가 아니라, 비극이고요!"

역사의 승패를 가지고 세월호 사안을 보다가 내가 그건 불의와 정의, 비극과 희망의 문제라고 교정하자 얼굴이 밝아졌던 그 학생. 포럼이 끝날 때까지 내내 내게 고맙다는 인사를 몇 번이나 했는지 모릅니다. 실은 내가 고마워할 일이었습니다. 나도 그의 질문을 계기로 그렇게 답변한 것이었으니까요.

냉소의
첫 걸음

　　　　　언젠가 '모든 역사는'이라는 검색어로 포털에서 검색을 하니 '모든 역사는 승자의 역사'라는 표제어가 제일 먼저 검색되었던 기억이 있습니다. 그만큼 많이 쓰는 말이라는 뜻이겠지요. 역사는 승자의 관점에서 기록되게 마련이고, 따라서 승자의 관점에서 왜곡되게 마련이라는 관념이 의외로 상식으로 여겨지고 있다는 말입니다. 이 말은 역사 또는 역사기록의 한계를 언명하는 가장 소박한 형태의 냉소冷笑이기도 합니다.

많은 사람들이 은연 중에 동의하는 걸 보면 이 말에 뭔가 일리가 있을 겁니다. 그러나 조금만 생각해보아도 고개가 갸웃거려질 수밖에 없는 말임을 알 수 있습니다. 무엇보다도 우리 인생이, 우리가 사는 세상살이가 승패로만 이루어지지 않는다는 데서 그 이유를 찾을 수 있습니다.

지난 한 달을 돌이켜보면, 나는 삼시 세 끼 먹고 월급 타고, 학생들 가르치다가 혼내기도 하고 혼내고는 안쓰러워하기도 했습니다. 아침에 연구실에 나가 자료 보고 새로운 문제는 노트도 했구요. 점심 때면 늘 그렇듯이 학교식당이나 주변 식당에서 동료들과 즐겁게 또는 밋밋하게 식사를 했습니다. 아, 그러고 보니 생일턱을 낸 동료도 있었습니다. 학교, 사회, 세상에서 벌어지는 일에 대해 글도 쓰고 평론도 했습니다. 이렇게 나의 시간은 흘러왔고, 앞으로도 대개 이렇게 흘러갈 것입니다. 직장 다니는 많은 분들이 나와 비슷하리라고 생각합니다. 이런 삶의 모습에는 승패가 없습니다.

승패의 삶이 없지는 않습니다. 승진을 승패로 생각하는 사람도 있을 것이고, 누구는 몇 평 아파트, 얼마짜리 자동차를 가지느냐 마느냐를 인생의 승패로 여길 수도 있을 겁니다. 금수저 흙수저 운운 하면서 이를 승패로 보는 사람도 있겠지요. 사업 수주를 놓고

매번 경쟁사와 승패를 겨루는 기업가들, 선거 당락이 곧 승패인 정치인들도 있습니다. 역사상에 보이는 쿠데타와 혁명, 반정反正도 그런 승패의 범주에 들어갈 수 있을 테지요.

하지만 우리의 인생에서 승패가 그리 많지 않듯, 사회나 나라에서도 승패는 그리 많지 않습니다. 대한민국에는 승패가 갈리는 선거가 이어지지만, 매년 예산을 짜고 그에 따라 세입과 지출이 이루어지고, 시민들은 그 틀에서 경제활동을 하며 살고 있습니다. 오히려 승패에 주목하는 것은 대개 하루하루의 축적을 대수롭지 않게 여기면서 나타나는 호들갑이 아닐까 생각될 경우가 꽤 있습니다. 이렇게 보면 '모든 역사는 승자의 역사'라는 말은 세상의 수많은 일 가운데 해당되는 경우가 별로 없는 명제입니다.

또한 승패가 나뉘는 경우에라도 그 사건 자체의 세팅이 그렇게 되어 있기 때문이지, 그 사건에 대한 관찰이나 기록이 승자에 의해 왜곡된다는 걸 의미하지 않습니다. 승패가 나뉘는 사안 또는 사건이라는 사실과, 그 승패가 승자의 손에 의해 왜곡된다는 것은 차원이 다른 문제입니다. 승패가 갈리는 그 사실을 승자만 보고 있지 않기 때문입니다.

만일 '모든 역사는 승자의 역사'라는 견해가 옳다면, 우리가 역사의 패자에게 보내는 그 많은 관심은 어디서 왔을까요? '모든 역사는 승자의 역사'라는 견해조차도 '모든 역사는 승자의 역사'가 아니기 때문에 가능한 관점이 아니겠습니까? 그렇습니다. 승패가 나뉘고 그것이 기록될지라도 역사가 승자의 눈으로만 기록되지 않습니다. 손바닥으로 하늘을 가릴 수 없다는 격언이 들어맞는 영역 가운데 역사가 그 맨 앞자리를 차지하지 않을까 합니다.

승패로 나뉘는 세상일이 그렇게 많지 않다는 평범한 진실과, 또한 승패가 있다는 사실과 승패를 기록으로 남긴다는 것은 차원이 다르다는 평범한 이치에 더하여, '모든 역사는 승자의 역사'라는 관점이 갖는 함정 하나를 지적하고 가야겠습니다.

이 관점에는 무엇보다도 일부에 대한 진실로 전체를 덮어버리는 지적 게으름이 숨어 있습니다. 원래 게으름은 모든 냉소의 공통된 속성이며, 냉소만큼 비생산적인 감정도 없습니다. 그래서 나는 이렇게 말합니다. 라고.

03

생산적 역사의 현장

삶을 지키면서
망자를 기억하기

그 날, 이모가 말했습니다. "핏줄기 묻으면서 밥이 넘어가는구나." 오래 앓으시던 어머니가 세상을 떴고, 그 더운 여름, 우리는 산소를 만들고 어머니를 묻었습니다. 그리고 산소 아래, 그늘진 소나무 밑에 앉아 늦은 점심을 먹는데, 그때 저만치 떨어진 산소를 쳐다보며 이모는 국밥을 뜨던 숟가락을 놓고 그렇게 말했습니다. 이모를 흘겨보며 난 퉁명스럽게 말했습니다.

"안 먹으면?"

어렸을 때 나는 외할머니와 이모의 손에 컸습니다. 그래서 이모에게 가끔 함부로 말하는 버릇이 있었는데, 그 날도 그랬습니다. 그러나 이모 말이 맞습니다. 형제를 땅에 묻은 지 얼마나 되었다고 밥이 목구멍으로 넘어가겠습니까?

이게 사람인가? 순간적으로 이모는 그런 생각이 들었을 겁니다. 산 목숨에 국밥을 넘기고 있던 나도 그런 생각을 했을 겁니다. 그

때 하필이면 이모는 말을 꺼낸 거지요. 내가 할 말을 이모가 했고, 내가 할 말이었으니 더 싫었던 거겠지요.

그렇다고 안 먹겠습니까? 아니지요. 산 사람은 살아야 합니다. 살려면 먹어야 합니다. 먹는 건 평상 활동으로 돌아오는 것입니다. 먹어야 하고, 자야 하고……. 그뿐 아닙니다. 사업도 해야 하고, 노래방도 가야 하고, 습관대로 텔레비전에 나오는 드라마도 보고 개그 프로도 봐야 합니다. 희로애락喜怒哀樂이 작동하는 삶으로 돌아와야 합니다. 부모를 떠나보냈는데, 자식을 떠나보냈는데 편한 사람이 어디 있겠습니까만, 그러나 산 사람은 살아야 합니다!

여기에 간극이 있습니다. 가슴 저미는 슬픔과 평범한 일상 사이의 간극. 이 간극 어디쯤에 징검다리가 있어야 하지 않을까요? 소중한 이를 잃은 슬픔을 차차 내려놓을 수 있는 사다리 같은 거 말입니다.

전통적인 상례를 거의 찾아보기 힘든 요즘에도 문상問喪할 때 보면 나름대로의 방식과 절차가 있습니다. 대개 무슨무슨 상조회사에서 와서 도와주는 모양인데, 빈소에서 상식을 올리는 것도 어디서 왔는지 근거가 애매한 의례를 상조회 직원들의 '지도' 아래 수행합니다. 그나마 그렇게라도 하지 않으면 마음을 추스를 수도, 그 시간을 버텨낼 수도 없기 때문이겠지요.

조의금을 낸다고, 땅에 고인을 묻는다고 끝나나요? 사흘이든 닷새든, 산소에 묻었든 화장을 했든, 그 며칠로 망자와의 이별이 정리되지 않습니다. 가까운 사람일수록 그러합니다. 부모님 여의고

사흘, 닷새 만에 속이 편안해지는 사람은 없습니다.

그래서 사람들은 사흘, 닷새 등 장례 기간과 별도로 마음을 추스르고 망자의 빈자리를 메우는 연착륙에 필요한 상례 기간을 정했습니다. 상례의 방식, 절차 그리고 기간은 사람들이 죽음을 어떻게 생각하느냐에 따라 달라집니다.

세월호 이야기를 해보겠습니다. 배에 탔던 안산 단원고 학생들이 내 아들도, 조카도, 사촌도 아닙니다. 그러므로 상복을 입을 일이 없습니다. 입은 적이 없으니 벗을 날도 없습니다. 이게 더 어렵습니다. 본디 상복이 정해지지 않은 스승의 상례에는 심상心喪을 했습니다. 비록 상복은 입지 않지만 일상은 부모를 잃은 것과 마찬가지로 살았던 겁니다. 그러면 대체 우리 시민들은 어떻게 해야 할까요?

모르겠습니다. 역사에 이런 일이 없어서. 다만 이런 정도는 생각할 수 있을 듯합니다. 개콘 보고 웃는 거, 영화 보고 친구들과 술 마시는 거, 아이들과 놀이공원 가는 거, 죄스러워하지 않았으면 좋겠습니다. 그거 옛날에도 자연스럽게 생각했습니다. 살아야 할 일상이기 때문입니다. 돌아가신 박완서 선생이 한 말을 기억하고 싶습니다.

남편 잃은 슬픔은 끝이 있었는데, 자식 잃은 슬픔은 끝이 없더라.

자식은 가슴에 묻는다고 했습니다. 잘 모르겠는데, 그럴 거 같습니다. 나도 부모니까 조금 압니다. 이 상심傷心 때문에 상복도 못 입으면서 오늘도 마음 아픕니다. 아프면 약을 먹든 치료를 받든 해야 하겠지만 이번 일은 아픈 대로 그냥 놔두고 싶습니다. 이 마음이 어디까지 가게 될까요?

이렇게 어디쯤 우리 삶을 화해하기 위해 사람들이 만든 것, 그중 하나가 상례라고 생각합니다. 이제 조금 어려운 말을 해야겠습니다. 내용이 어려운 게 아니라, 말을 꺼내기 어렵다는 것입니다.

한동안 단원고 4·16교실의 존치 여부를 놓고 찬반 의견이 오갔습니다. 사안의 아픔 때문인지 의견들에도 상처가 묻어났습니다. 뿐만 아니라 이 사안은 나도 상관이 있습니다. 가방에 달고 다니던 상장喪章은 언제까지 달아야 하나, 혼자 이런저런 생각을 했습니다. 저 혼자 이렇게 정리했습니다.

4·16

나는 가방과 휴대폰의 상장을 심상이 끝나는 삼년상을 마치면서 뗐습니다(삼년상이니까 만 2년입니다). 그리고 교실은 산 사람들의 공간입니다. 4·16교실은 추념의 공간에서 생활공간으로, 교육공간으로 돌아가는 것이 타당하다고 생각합니다. 추념의 공간은 생활·교육 공간이 아닌, 망자를 위한 공간에 두어야 한다고 생각합니다. '사당'이 기록관의 형식을 띠든 추모비의 형식을 띠든 그건 다음 문제입니다.

그렇습니다. 진상조사도 끝나지 않았고, 인양도 이루어지지 않았습니다. 그건 산 사람의 몫입니다. 산 사람들끼리 해결할 문제입

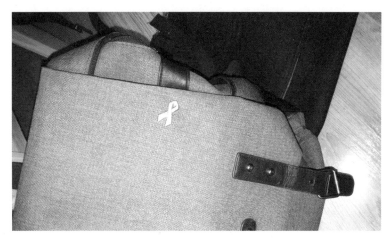

내 가방에 달고 다니던 세월호 추모 리본. 참사 이후 수많은 사람들이 희생자들을 기억하고자 비슷한 추모 리본을 달고 있습니다. 과연 이 상장은 언제 떼는 게 맞을까요? 나는 삼년상이라는 나름의 안을 제시했지만 우리 사회에는 아직 이런 공동체적 슬픔에 대한 탈상 기준이 없습니다.

니다. 산 사람으로서, 그리고 역사학도로서 나는 나대로 할 일을 할 것입니다.

산 자의 책무, 역사학자의 책무

이런 메일을 받았습니다. 한국기록전문가협회에서 온 것입니다.

416기억저장소는 416세월호 참사와 관련한 모든 기록들을 수집 및 정리를 하고 있습니다. 2015년 12월 현재 각지에서 수집된 기록들을 대상으로, 물리적 정리 및 목록 작업을 계획 중입니다. 이를 통해 새로운 서고가 만들어질 경우를 대비한 이송 및 목록화 작업을 할 예정입니다.

작년에는 이런 메일도 있었습니다. 기록학회에서 보내온 메일입니다. '세월호를 기억하는 시민네트워크'를 제안하는 메일이었습니다. "시민네트워크는 세월호 참사와 관련된 모든 기록을 수집하고 보관하고 정리하는 시민기록단입니다. 전국의 시민과 전문가들이 자발적으로 모여 우리 사회가 세월호 사고에 대한 기억을 온전히 유지할 수 있도록 세월호 사고의 기억과 기록을 수집하고 정리하며 공유하는 활동을 전개합니다." 홈페이지도 열었다고 했습니다. 여기서 하는 활동은 이러합니다.

첫째, 기록을 수집하는 일상 활동. 참여단체와 시민은 보유하고 있는 세월호 기록을 모으고, 주관한 세월호 관련 행사를 기록으로 남기며, 세월호를 사회적 기억으로 남기기 위한 다양한 기록(영상, 구술, 르뽀 등)을 생산하고, 온라인과 주변에 흩어져 있는 관련 기록을 수집하고 정리한다.
둘째. 기록 수집 캠페인. 전국민이 참여하는 세월호 기록 수집캠페인을 지속적으로 전개한다. 이를 위해 디지털 기록을 쉽고 간편하게 기증할 수 있는 기증사이트를 제공하며, 실물 기록과 대용량 기록 기증을 위한 실무지원팀을 운영한다.

셋째, 기록 정리와 콘텐츠 구축. 예술, IT, 큐레이터 등 시민사회 각 분야의 전문가들로부터 재능을 기부 받고 그들간의 협력체계를 구축하여 수집된 기록을 다양한 콘텐츠로 개발하고 시민들과 공유한다.

넷째, 안산 고잔동에 '세월호 기억저장소'를 운영한다. 수집된 기록을 온전히 보존하며 누구나 열람하고 활용할 수 있도록 서비스를 제공하는 기록관과 전시실, 유가족과 이웃들이 자유롭게 오고가며 마음의 위안과 치유를 할 수 있는 '이야기 찻집', 네트워크 실무팀 사무공간 등으로 구성된다.[2]

이곳은 안산 세월호 가족 공동체 운동에 다양하게 참여하기 위한 거점 공간이 될 것이라고 합니다. 또 추모 행사, '진도 자원봉사자, 사랑의 기억 모으기' 행사, '사회부 기자, 못 다한 말 진도의 진실' 행사, 야외 전시공연, 희생자와 가족에게 보내는 편지쓰기, 그림 그리기, 노래 짓기, 만화 그리기, UCC만들기 등 세월호 사고를 잊지 않기 위한 다양한 행사를 기획하고 실행할 예정입니다.

아버지의
슬픔

역사를 어떻게 정리할 것인가, 우리 인간의 숙명적인 질문입니다. 곳곳에서 이런 문제와 부딪히게 마련인 듯합니다. 꽤 오래 전에 돌아가신 아버지도 이런 일을 겪었습니다.

다음은 생전의 아버지가 남긴 글입니다.

母親(모친) 親筆(친필) 筆跡(필적)을 손에서 품으로 옮기며 나의 흉금
에 숨여드는 회포를 叙(서)하려 하나 막막하고 가슴 벅찬 感慨(감개)
가 있는가 하면 哀絶(애절)한 심사 둘 데 없구나 母親(모친)이 別世(별
세)하신지 于今(우금. 지금까지) 拾九年(십구년) 내 나이 스물둘을 헤이
게 되었으니 내가 세 살 먹어서 世上(세상)을 고히 下直(하직)하고 衆
生(중생)이 다만 상상으로서 안다고 하는 저 世上(세상)으로 길을 떠나
신지가 훌훌한 歲月(세월)이 無情(무정)하야 拾九年(십구년)이 되는 오
늘날 (…) 아! 슬프고 슬프다 어머니의 피를 받은 오직 하나의 血肉(혈
육) 어머니의 書簡文(서간문)을 손에 들고 哀絶腹痛(애절복통)한 心情
(심정)을 둘 곳 없어 一筆(일필)로서 母親(모친)의 書信(서신)께 품잃은
小子(소자)는 部分(부분)의 情話(정화)를 부치어 보는도다. 단기 4291
년 무술년 1월 22일

'단기 4291년'은 1958년이니까, 지금부터 50여 년 전의 글입니다.
까마득한 옛날도 아닌데 느낌이 많이 다르지요? 이런 종류의 글을
발문跋文이라고 합니다. 아버지는 이 무렵 편지 한 장을 발견합니
다. 그 편지에는 돌아가신 아버지의 어머니가, 그러니까 나의 할머
니께서 친정 아버님의 병환을 걱정하는 내용이 담겨 있었습니다.
할머니가 편지를 썼던 1936년은 공교롭게도 아버지께서 태어나신
해이기도 합니다. 할머니는 그로부터 3년 뒤에 돌아가셨습니다.

어찌하여 그 편지가 남게 되었고, 1958년의 아버지 손에 들어온 겁니다. 당신이 태어나던 해 어머니께서 남긴 편지를 22년이 흐른 뒤 당시 대학생이었던 아버지께서 보신 겁니다. 편지를 받아든 아버지는 이내 울음을 터뜨렸습니다. 그러고는 가장 오래된 기억 속에조차 남아 있지 않은 어머니를 편지로나마 마주한 기쁨과 안타까움을 담아 편지에 이어 긴 글을 남겼습니다. 위의 인용문은 그 글 가운데 일부입니다.

1월 22일, 아직 추운 겨울날, 어머니 편지를 보고 그리워하는 대학생 청년의 마음을 나는 가끔 헤아리려고 애써봅니다. 그런데 이 아버지의 발문도 아버지 돌아가신 뒤에 발견했습니다. 살아계셨으면 소주 한 잔 하면서 심정이나마 들어볼 텐데 이제는 그러지도 못합니다.

젊은 피들의
노트

한참 전의 일을 보았으니, 요즘 기록을 볼까요? 우리가 사는 하루하루가 나의 역사라고 했습니다. 2015년 서양현대사 기말고사 얘기로 시작했으니, 마찬가지로 강의실 얘기로 마쳐볼까 합니다.

나는 강의 과제로 평범한 레포트 쓰기를 주문하지 않습니다. 매 시간, 진도에 해당하는 부분을 읽고 노트에 1000자 이상 쓰도록 합니다. 이를 씨앗문장이라고 하는데, 씨앗문장은 다음과 같은 문장입니다.

①과 ③은 학생마다 각각 다릅니다. 반면에 ②는 상당히 서로 유사합니다. 여기서 보편성과 개성을 발견합니다. 이 씨앗문장 중에서 다시 200자를 뽑아 암송하게 합니다. 매시간 이렇게 준비를 하고 수업을 진행합니다. 어려운 전공책 보랴, 씨앗문장 쓰랴, 안 해보던 암송하랴, 나의 동학同學들은 괴롭기 짝이 없습니다. 하지만 처음엔 흔들리던 눈빛으로 나를 쳐다보던 그들은, 자신들의 씨앗문장이 논지의 핵심임을 확인하면서, 암송은 잊혀진 본성의 회복임을 확인하(는 것이라고 나는 믿으)면서 점차 안정을 찾아가게 됩니다. 그렇습니다! 누구나 성인聖人이 될 수 있다는 맹자의 말은 사실입니다.

필이 꽂히면 자기가 무엇을 좋아하는지 알게 됩니다. 중요한 문장은 원하는 지식의 핵심을 전해줍니다. 모르는 문장은 해야 할 것이 무엇인지 가르쳐줍니다. 복잡한 듯 보이는 이 노트는 실제로는 매우 단순합니다. 세 가지 중 하나이기 때문입니다. 그리고 그 체계 속에서 그는 역동적인 자신의 시간을 채워갈 수 있다고 생각합니다.

수업시간 중에 별로 눈에 띄지 않는 학생이 있었습니다. 문장 암송은 더듬거리기 일쑤였고, 대답도 영 신통찮았고요. 그런데 그 학생의 노트를 보니 겉으로 보이는 것과는 딴판이었습니다. 그의 내

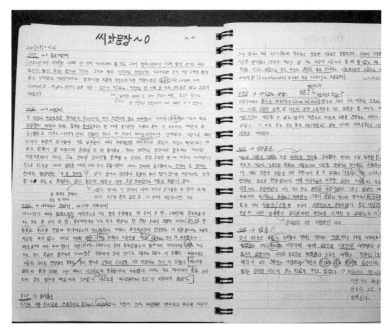

내가 가르치는 어느 학생의 노트입니다. 과제로 쓴 씨앗문장, 자신이 암송한 문장, 강의 시간에 다른 사람이 외운 곳과 덧붙인 내용이 촘촘히 메모되어 있습니다. 살아 있는 노트는 바로 자기 자신의 생생한 역사입니다. 이렇게 쓴 노트를 누가 함부로 버릴 수 있을까요?

면은 끊임없는 지적 호기심과 깨달음, 질문으로 늘 약동하고 있었습니다. 그는 참으로 귀한 자신의 역사를 만들고 있었던 겁니다.

역사라는
자생력

어르신들, 일평생 애면글면 살아온 일을 책으로 쓰자면 열 권도 모자라죠. 그래서 조금이나마 어르신들의 인생을 비추고자, 고등학생들이 나섰습니다. 바로 자서전을 써드리는 일인데요, 경북 구미로 가보겠습니다.

경북 구미 오상고 교육봉사 동아리 '위더스' 학생들과 지역 어르신들이 마주앉았습니다. 학생들이 할머님들의 인생 이야기를 듣고, 자서전을 써드리기 위해서입니다. 입시 공부에 바쁜 고3이지만, 주말이면 어르신들을 찾아 무릎 꿇고 이야기를 청해 들었던 기특한 학생들입니다.

처음엔 손사래를 치시던 할머니들도 진지한 학생들의 태도에 치열하게 일평생 살아온 인생 보따리를 풀어놓기 시작했습니다. 대부분 젊은 나이에 남편을 여의고 자식들을 홀로 키워낸 억척같은 삶이었죠. 지난 사진들을 꺼내놓으며 추억에 젖었던 할머니들은 출간된 자서전을 받고는 눈물을 보였다고 합니다.[3]

고등학생들이 할머니들의 역사를 써드리는 겁니다. 그 기특한 마음을 생각만 해도 흐뭇한데, 나는 또 직업의식이 발동합니다. 왜 할머니들은 자서전을 받아들고 눈물을 흘리셨을까요? 그 눈물의 함축을 감히 읽어내자는 게 아닙니다. 적어도 그 할머니들은 손자뻘 학생들과 함께 당신들이 걸어온 삶을 정리하면서 지난 인생을 다시 한 번 가슴에 품었을 것이고, 그 결과물인 자서전을 보며 가슴 벅찼으리라는 것 정도는 짐작할 수 있지 않을까요? 자신이 자신의 인생을 안아주는 것, 그렇게 하는 한 가지 방법이 역사라는 말을 하고 싶은 겁니다.

실제로 이런 일이 주변에서 종종 발견됩니다. 고등학교에서 역사를 가르치는 박윤희 선생님은 80세가 넘은 어머니의 피난살이 경험을 받아 적어 책을 내기도 했습니다. 그중 일부입니다.

우리 엄마 양梁자 태泰자 숙淑자의 고향은 황해도 벽성군 청룡면 덕명리 주동이다. 1945년 8·15 해방 때는 위도 38도 이남의 땅이었다. 1953년 휴전협정이 조인되면서 휴전선 이북 땅이 되어 지금은 갈 수 없는 곳이 되었다. 주동 마을은 바닷가 마을로 면 소재지에서 3킬로미터 가량 떨어져 있었다. 엄마네 집 마루에 앉으면 황해도 섬인 용매도가 가까이 보이고 멀리 옹진군 연평도가 눈에 들어 왔다. 마을 앞 바다에선 민어랑 조기 등 생선이 다량으로 잡히고 넓게 펼쳐진 갯벌에 조개가 지천으로 깔려 있었다. 마을 뒤로는 수양산 자락 아래 펼쳐진 벌판에 논과 밭도 많았다. 자연재해도 거의 없어서 가난한 사람이 들어와도 굶지 않고 살 수 있는 동네로 알려져 있는 곳이었다. 엄마는 고향을 자랑하며 이렇게 말했다.

"이남 사람들이 하루에 한 끼도 먹지 못했다느니 감자와 고구마로 끼니를 때웠다는 이야기를 하면 얼마나 이상한지 몰라. 생각해보니 우리 고향이 정말 좋은 곳이었지."

6·25전쟁 발발 당일 엄마는 자취방에 있었다. 연안중학교 3학년이었던 외삼촌과 밥 해주려고 따라 온 막내 고모할머니랑 함께였다. 학기

초라 준비할 것이 많아서 입학 후 고향 집에 한 번 가지 못한 터였다.
요즘도 엄마는 전쟁을 떠올리면서 이야기한다.

"전쟁? 나는 전쟁이 어제처럼 생생하다. 가슴이 벌렁거려서 전쟁 영화나 전쟁 드라마도 볼 수가 없어."

진주에 머물렀을 때 일이다. 그곳에서도 가장 큰 기와집을 찾아 밥을 얻어먹었는데 주인 집 할아버지가 엄마와 외삼촌에게 말했다.

"전쟁이 나서 어린 너희가 고생이 많구나. 전쟁이 끝나면 꼭 아버지 모시고 다시 오거라. 꼭 찾아 오거라. 여기 우리 집 주소 적은 종이다. 이 주소를 잊지 말고 다시 찾아 오거라."

할아버지는 엄마 신발이 밑창이 떨어져 다 헤져버린 모습을 보시고 당신 손자 신발도 내어주었다. 엄마는 그때를 회고하며 말했다.

"어려운 시절에 그렇게 서로 도와주는 마음이 살아있었지. 지금이라면 어떨래나?"

진주에서처럼 엄마 일행은 신세 지는 집마다 일일이 꼼꼼하게 주소를 적어 두었다. 나중에라도 꼭 은혜를 갚고 싶은 마음에서 비롯된 일이었다. 그런데 7월 부산에 도착했을 때 주소록이 문제가 되었다. 부산 들어서는 길을 막은 청년들이 무리지어 피난민을 한 명 한 명 검사하고 들여보내고 있었다. 엄마 차례가 되었을 때 한 청년이 주소록 적은 공책을 보더니 물었다.

"이 주소가 다 뭐야? 어서 대! 이 주소가 뭐냐구!"

너무 다그치는 바람에 겁에 질린 엄마는 막 울었다. 엄마가 하도 울어대서 그랬는지 그들은 엄마 일행을 취조하지 않고 통과시켰다. 하지만 외삼촌과 엄마가 정성껏 적은 주소록은 끝내 돌려주지 않았다. 엄마는 아직도 주소록을 잃어버린 일을 안타까워한다. 신세졌던 할아버지는 영영 찾을 길이 없었다.

모든 역사는 사람들의 구체적인 경험을 통해서만 확인된다고 강조한 바 있습니다. 애당초 역사에는 미시사와 거시사의 구분이 없습니다. 6·25전쟁은 바로 우리 어머니, 아버지, 할머니, 할아버지의 경험 속에서만 확인될 수 있습니다. 하늘에 떠 있는 추상적 개념이 아닙니다. 모든 역사는 그렇습니다. 그 경험을 드러냄으로써, 아파하고 아쉬워하고 때론 그리워하면서 서로 이해할 수 있는 것입니다.

임상역사학: '자기 역사 쓰기'에서 시작하는 역사학

아예 이런 영역을 '임상역사학'이라고 부르는 분도 있습니다. '임상의학'과 같은 의미로 보면 됩니다. 강단의 역사학이 아니라, 피난일기처럼 삶과 바싹 밀착되어 있는 역사학을 말합니다. 임상역사학은 자기 역사 쓰기에서 시작합니다. 자전소설, 자전적 에세이, 자서전, 회고록, 고백록, 수기, 구술사 등으로 표현됩니다. 다양한 것 같지만 특징이 있습니다. 직접 경험한 당사자인 내가 쓴다는 사실, 그리고 자기가 역사를 쓴다는 의식입니다. 또 당연하게도 과거를 쓰지만 과거보다는 현재가 중요하다는 점입니다. 과거에 무슨 일이 있었느냐와 함께, 그것을 어떻게 이해하고 정리하느냐가 중요합니다.

사는 것이 두루마리 화장지처럼 술술 풀리는 사람은 굳이 과거를 보지 않을 것 같다. 그러나 딱딱 끊어진다면 석연치 않은 인생을 돌아보며 묻곤 한다. 나는 어떻게 지금의 나가 되었으며 지금의 나로 산다는 것이 왜 이리도 간단치 않단 말인가.[4]

그렇습니다. 간단치 않을 때 쓰게 됩니다. 일단 실험적인 단계이니만큼 다음과 같은 방법으로 해보는 겁니다.

(1) 직접 쓴다. 쓴 것을 가져와 낭독한다. 낭독할 때는 어떤 경우든 멈추지 않는다. 뉴스를 전하는 아나운서처럼 아무런 설명 없이 쭉 읽는다. 낭독 후에는 같이 작업하는 사람들과 대화를 나눈다.
(2) 연대기부터 쓴다. 태어난 날부터 지금까지 어떤 일이 있었는지 연도별로 써보는 것이다. 그 다음에는 매력을 찾는다. 내적인 관점에서 보면 매력은 역사를 이끌어가는 힘이다. 연대기는 자기가 혼자 쓰지만 매력은 공동작업으로 진행한다. 내가 보기에 당신의 매력은 이것인 것 같은데요 하면서. 역사를 쓰려면 일정한 관점을 세워야 한다. 매력은 역사를 쓰는 관점이기도 하다. 마지막으로 테마를 정해서 한 편의 이야기로 정리한다. 할머니 할아버지가 되어 자서전을 쓰는 것

이라면 인생의 여러 면을 두루 쓰는 게 필요할 것 같다. 그러나 그 전에 쓰는 역사라면 현재 시점에서 문제로 삼는 것을 전부인 듯 쓰는 것이 좋을 것 같다.

(3) 여럿이 함께 쓴다. 일기는 혼자 쓰고 혼자 읽는 글이라면 자기역사는 여럿이 같이 쓰고 여럿이 같이 읽는 글이다. 오래 전 일기를 꺼내 읽으면 당혹스러울 때가 있다. 내 자신에게 이렇게 편파적이었을까. 아무래도 혼자 작업하면 자기가 자기를 어떻게 오해하고 있는지 상대화 해서 보기 힘들지 않을까? 여럿이 같이 작업을 하면 자기가 자기에 대해 무엇을 오해하고 있었는지를 알 수 있다. 나의 역사는 결국 내가 쓰는 것이지만, 그 과정을 함께 겪으며 여럿이 쓰는 이유가 여기에 있다.

(4) 화양연화로 마무리를 짓는다. 화양연화는 인생의 아름다운 한 때라는 뜻이다. 역사를 쓴 사람은 자기가 쓴 역사를 들려줄 사람을 초청한다. 영화로 치면 일종의 시사회나 상영회라고 할 수 있다. 편집이 완료되었더라도 상영관에 걸리지 않으면 영화라 말할 수 없다. 그냥 필름 상태인 것. 역사가 완성되는 마지막 순간이 필요하다. 인생의 아름다운 한 때.[5]

화양연화花樣年華, 2000년 양조위와 장만옥이 주연을 맡았던 영화 제목이기도 한데요, '꽃처럼 아름다운 시절'이라는 뜻입니다. 함께 벗들을 불러와 자기 역사를 들려줍니다. 어때요, 해볼 만하지 않나요?

이 중에서 가장 중요한 것은 (3)번이라고 합니다. "식물은 혼자 자라지 않는다. 가까이 있는 식물들끼리 여러 가지 영향을 주고받는다. 덩치가 크거나 잎이 무성한 식물은 그늘을 만들어, 그다지 튼튼하지 못한 식물들에게 바람막이가 되어준다."[6] 이렇듯 식물들처럼 서로 돕고 함께 지탱하는 게 중요합니다.

흥미롭게도 이런 현상은 이제 낯설지 않습니다. 곳곳에서 이와 유사한 확대 프로그램이 벌어지고 있습니다. 고려대 검도 동아리인 검우회 아카이브, 일기 수집 및 온라인 전시, 지역 동네 아카이브, 성공회대 노동사연구소 아카이브, 은평녹색당 기록정리, 신일교회 기록관, 조계사 기록관……[7]

이렇게 거대한 역사, 국사에 가려져 있던 비非역사의 영역이 다시 역사의 영역으로 들어옵니다. 엄밀히 말하면 원래 그것이 역사였던 것입니다. 그래서 우리는 다시 역사의 주인공이 됩니다. 사실 우리의 '작은 역사'들은 '거대한 국사'에 의해서만 가려졌던 것이 아닙니다. 우리 자신 스스로 방치했던 것인지도 모르겠습니다. 이제 다시 제자리를 찾아주는 셈입니다.

나라가 식민지로 강제 점령되었을 때는 빼앗긴 나라를 되찾기 위한 방법으로 민족사에 대한 관심이 높아지고, 역사가 식민지로부터 광복을 되찾기 위한 주요 수단이 됩니다. 그럴 때조차도 그 역사는 민초民草들의 삶과 터전을 기억하는 방도라는 점에서 의미를 갖는 것이지, 다른 추상적이거나 거대한 이념이 담겨 있어서 의미를 갖는 건 아닐 것입니다. 나라의 역사도 그 많은 삶의 터전의

역사가 모인 결과이자, 나라의 역사 자체도 그 터전 중 하나임을
이해하는 것이 중요하다고 생각합니다.

역사의 힘

늘 기초가 중요하다고 생각합니다. 역사공부의 기초는 사실의 확인입니다. 사실과의 관계에서 추론이나 허구가 사실에 기초한다면 상상력이지만, 추론이나 허구가 사실을 부정하거나 파괴한다면 왜곡이 됩니다. 뒤의 경우라면, 추론은 학문적 정당성을 잃고 허구는 역사와 결별합니다.

그 사실 또는 사건에는 세 가지 요소, 즉 객관적 조건, 자유의지, 우연이 모두 들어 있습니다. 종종 그중 하나만 가져와 마치 그것이 그 사태의 원인인 듯 설명하려는 유혹에 빠집니다. 안이함입니다. 권력욕, 묵은 감정, 원한 등과 같은 인간의 의지에 속한 것만 강조하면 역사 속의 인간을 쉽게 미워하고 비난합니다. 그 사건이 누군가의 의지나 욕망 때문에 생겼다고 이해하면 사태의 결과에 대해서도 도덕적 잣대가 작동하게 마련입니다. 패싸움론=당쟁론은 식민사관의 결과만이 아니라 불성실한 역사탐구, 안일한 역사이해의 결과입니다. 그러므로 언제든지 생길 수 있고 누구든지 빠질 수 있는 역사의 신이 만든 함정입니다.

그러나 구조와 조건만 절대화하는 안이함에 빠지면 이번엔 무기력해집니다. '탓'만 하다 끝나고 정작 인간이 상황을 타개하려는 힘도, 극복하려는 의지도 한켠으로 제쳐놓습니다. 결과는 다르겠지만 이 역시 역사를 탐구하는 사람이 빠지기 쉬운 함정이라는 점에서는 같습니다.

사실史實은 늘 구멍이 뚫려 있고, 사람의 눈은 다릅니다. 아마 자료를 비판적으로 검토하고 상황을 합리적으로 추론하여 공감할 수 있는 진실을 찾아나가는 지루하며 재미있고 때로는 숭고한 여정, 그것 이상으로 역사를 말할 수 없을 것입니다. 아니, 그것이야말로 역사의 존재이유라고 생각합니다. 이래서 역사공부는 연대의 삶, 공감의 삶, 배려의 삶을 확장시키는 토대라고 굳게 믿습니다.

그럼에도 불구하고 이 책에서 아직 못 푼 질문들이 있습니다. 먼저 사건 또는 사실의 세 요소가 조건·의지·우연으로 구성된다고 했는데, 세 요소 사이의 비중 판단이랄까, 이에 대해서는 마땅한 가이드라인을 제시하지 못해서 마음이 무겁습니다. 당나라의 역사학자 유지기가 말한 역사학도가 갖추어야 할 세 가지 덕목, 즉 역사공부에 재미를 느끼는 것[才], 이것저것 찾아보고 탐구하는 것[學], 사태를 이해하는 식견[識] 가운데 맨 마지막 '식견'이 아마 여기에 해당할 것입니다. 물론 식견은 누가 설명하는 것이 아니라 어느 정도 깨달음의 영역이기는 합니다. 그래도 명색이 학문인데 깨달음만이 아니라 더 보편적인 언어로 설명하지 못한 것이 아쉽습니다.

다음은 역사적 상상과 문학적 리얼리즘의 경계 또는 공통점에 대한 질문입니다. 본문에서 소개한 위고의 『레 미제라블』에 나오는 역사적 사건에 대한 서술 외에도, 최근 읽은 업튼 싱클레어의 『정글』[1]을 읽으며 그 접점에 대해 생각해보았지만 공부를 제대로 한 것이 아니라서 아직은 공허하기만 합니다. 그러나 역사와 문학의 우애와 협력을 위해서 이 주제로 꼭 글을 써보고 싶습니다. 무척 재밌겠다는 예감이 듭니다.

또한 '경학=철학'과 '사학=역사학'의 학습 방법에 대한 질문입니다. 동아시아에서는 '경학을 먼저 공부하고 역사학을 공부하라'고 했습니다. 그런데 청나라의 역사학자 장학성章學誠이 '여섯 경전은 모두 역사다'라고 갈파했듯이, '경학 따로 역사 따로'라는 접근이 과연 타당한가 하는 의문을 지울 수 없습니다. 물론 자칫 사실 속에 파묻혀 결과주의에 빠지거나 지향·비전을 놓치게 될까 우려해서 그런 학습법이 권장되었을 것입니다. 그렇지만 대학은 철학과와 역사학과가 나뉘어 있는 상황에서 '인문학'만 소리 높여 강조될 뿐 정작 철학과 역사학, 나아가 사회과학으로 분화된 학문들 사이의 생산적인 관계, 멋진 공존의 사례가 그리 많이 소개되는 것 같지는 않습니다. 아쉬움을 느낍니다.

마지막으로, 다른 책을 내면서도 고백한 것인데, 춘추필법春秋筆法에 대한 고민입니다. 전에는 춘추필법을 단순히 직필直筆과 동의어로 알고 있었습니다. 숨김없이 사실대로 쓴다는 정도로 이해했던 것이지요. 정말 그럴까요? 이 질문도 아주 기초 중의 기초에 해당하는 질문인데 간과하기 쉽습니다.

자기 동네 사람들은 자식이 부모를 고발하고 부모가 자식을 고발하는 정직한 사람들이라고 자랑하는 섭공葉公에게 공자는 대답했습니다. "우리 동네 사람들은 그와 다릅니다. 아버지는 아들을 위해 숨겨주고, 아들은 아버지를 위해 숨겨줍니다. 곧음[直]은 그 속에 있습니다."2

곧다는 말은 인정人情과 상치되지 않는 듯합니다. 곧은 것이 각박하지 않는 것, 곧은 것이 사람들을 편안히 해주는 것, 아마 공자는 그런 곧음을 생각한 것 같습니다. 곧음이 갈등을 부추기지 않는 것 말입니다. 여전히 역사공부가 상처와 갈등을 어루만질 수 있다고 말할 자신은 없습니다. 적어도 갈등을 부추기고 상처를 내는 역사공부라면 별로 하고 싶지 않습니다. 아직 온축蘊蓄된 바가 적어 프리모 레비의 말로 끝낼 수밖에 없는 부족함을 탓하지 마시길.

갈등이 필요하다는 추악한 말을 하는 자들이 있다. 인간은 갈등 없이는 살 수 없다는 것이다. (…) 여기에는 함정이 있으며, 그들의 주장은 수상쩍은 이야기들이다. 더 이상 악의는 필요치 않다. (…) 선의와 상호 신뢰가 있다면, 탁자에 둘러 앉아 해결할 수 없는 문제는 존재하지 않는다.3

1부 내 발길이 만드는 역사

1 유지기(劉知幾) 저, 오항녕 역,『사통』, 역사비평사, 2012.

2 오항녕 저,『조선의 힘』, 역사비평사, 2010.

3 『성경전서』개역한글판, 로마서 12:19.

4 레비스트로스(Claude Levi-Strauss, 1908~2009)는 브라질 상파울루대학교 사회학 교수로 재직 중(1934~37) 브라질 원주민을 현지조사하면서 구조주의라는 학문체계를 수립했다. 레비스트로스의 구조주의는 문화체계에 관련된 정보를 그가 핵심적이라고 파악한 요소 사이의 형식적 관계들로 환원시켜 설명하는 것이었다.

5 교과서 용어사전. http://100.daum.net/encyclopedia/view/24XXXXX66043

6 그의 역사학을 확인할 수 있는 저서는 초고 형태로 있다가 추후 간행된『정치경제학 비판 요강』(김호균 역, 그린비, 2007)이 있다. 요강(要綱)이란 'Grundriße'를 번역한 말. 이 번역 이전에 『정치경제학 비판 요강』의 일부를 홉스봄이 설명하고 해제를 단『자본주의적 생산에 선행하는 제형태』라는 책(성낙선 역, 지평, 1988)이 나온 적이 있다. 또 에릭 홉스봄의『역사론』(강성호 역, 민음사, 2002) 10장「역사가는 마르크스에게 무엇을 빚고 있는가」및 11장「마르크스와 역사학」이 참고가 된다.

7 카를 마르크스 저, 김호균 역,『정치경제학 비판을 위하여』서문, 중원문화, 2012.

8 문화재청 홈페이지(www.cha.go.kr/) 조선왕릉 융릉 건릉 이야기.

9 『영조실록』38년 윤5월 13일.

10 『영조실록』25년 2월 17일.

11 프리모 레비 저, 이현경 역,『이것이 인간인가』, 돌베개, 2007; 프리모 레비 저, 이소영 역,『가라앉은 자와 구조된 자』, 돌베개, 2014

12 한나 아렌트 저, 김선욱 역,『예루살렘의 아이히만』, 한길사, 2006. 나치즘 연구에 관심 있는 독자라면 내가 '역사학의 모차르트'라고 부르는 데틀레프 포이케르트의『나치시대의 일상사—순응, 저항, 인종주의』(김학이 역, 개마고원, 2003) 참고.

13 『논어』,「위령공(衛靈公)」편.

14 빅토르 위고 저, 정기수 역,『레 미제라블』, 민음사, 2012; 빅토르 위고 저, 고 봉만 역,『빅토르 위고의 워터루 전투』, 책세상, 2015.

15 에릭 홉스봄 저, 정도영·차명수 역,『혁명의 시대』, 한길사, 1998, 제5장 평화.

2부 역사의 영역

1 퇴계의 양진암에 대한 서술은 정석태,『퇴계선생월일조록』의 자료를 기초로 작성하였다.

2 『퇴계선생문집(退溪先生文集)』권1「동암언지(東巖言志)」.

3 『신당서(新唐書)』권6「숙종황제본기(肅宗皇帝本紀)」.

4 시가 적절하게 배치되어 역사를 보여주는 좋은 책으로『진인각, 최후의 20년』(육건동 저, 박한제·김형종 역, 사계절, 2008)을 추천한다.

5 다우어 드라이스마 저, 정준형 역,『은유로 본 기억의 역사』, 에코리브르, 2015, pp.52~68.

6 김울림,「휘경동출토백자청화어제사도세자묘지명」,『미술자료』66, 국립중앙박물관, 2001, p.110. 정병설,『권력과인간―사도세자의 죽음과 조선왕실』, 문학동네, 2012에서 재인용.

7 『조선일보』,「조선데스크」, 2003년 2월 7일.

8 http://movie.daum.net/moviedetailVideoView.do?movieId=63847&videoId=38457.

9 http://sillok.history.go.kr/.

10 폴 벤느 저, 김현경·이상길 역,『역사를 어떻게 쓰는가』, 새물결, 2004.

11 라나지트 구하 저, 이광수 역,『역사 없는 사람들』, 삼천리, 2011, 1장 헤겔의 유산.

12 http://terms.naver.com/entry.nhn?docId=1154489&cid=40942&categoryId=32175. 네이버 지식백과, 초야권[初夜權](두산백과).

13 http://100.daum.net/encyclopedia/view/b20c2998a. 다음 백과사전, 초야권.

14 외르크 피쉬 저, 안삼환 역,『코젤렉의 개념사 사전1』, 푸른역사, 2010,

pp.150~160.

15   에드워드 사이드 저, 박홍규 역, 『오리엔탈리즘』, 교보문고, 1992.

16   이반 일리치 저, 권루시안 역, 『과거의 거울에 비추어』, 느린걸음, 2013, pp.121~125.

17   오항녕 저, 『밀양 인디언—역사가 말할 때』, 너머북스, 2014.

3부 기억, 기록, 그리고 시간의 존재

1   윤택림 편역, 『구술사, 기억으로 쓰는 역사』, 아르케, 2010, p.7.

2   김귀옥 저, 『구술사 연구』, 한울, 2014, p.11.

3   에릭 캔델 저, 전대호 역, 『기억을 찾아서』, 랜덤하우스, 2009, p.297.

4   대니얼 샥터(Daniel L. Schacter) 저, 박미자 역, 『기억의 일곱 가지 죄악』, 한승, 2006; 주디서 허먼 저, 최현정 역, 『트라우마』, 열린책들, 2012.

5   사마천 저, 『사기(史記)』「백이숙제열전」.

6   나카지마 아츠시 저, 이철수 그림, 명진숙·신영복 역, 『역사 속에서 걸어나온 사람들』, 다섯수레, 1993.

7   『명종실록』 14년 3월 27일.

8   1929년 6월, 『삼천리』 1호의 「조선일보의 林巨正傳에 대하여」라는 글의 일부로, 사계절 출판사에서 간행된 『임꺽정』 10권(2008)에 수록돼 있다. 그런데 4년 뒤인 1933년, 『삼천리』 9호에 쓴 「임꺽정전을 쓰면서」에서는 '조선정조(朝鮮情調)에 일관된 작품'이 목표였다고 하고, 글의 분위기가 사뭇 다르다.

9   『명종실록』 20년 8월 27일.

10   리처드 에반스는 이런 견해에 대항하려고 책 한 권을 써야 했다. 리처드 에번스 저, 이영석 역, 『역사학을 위한 변론』, 소나무, 1999.

11   김현식 저, 『포스트모던 시대의 역사란 무엇인가』, 휴머니스트, 2006, p.150.

12   E. H. 카 저, 김택현 옮김, 『역사란 무엇인가』, 1997, pp.22~23.

13   E. H. 카, 앞의 책, p.28.

14   알라이다 아스만 저, 채연숙·변학수 역, 『기억의 공간』, 그린비, 2011.

15   오항녕 저, 『광해군—그 위험한 거울』, 너머북스, 2012.

16 《연합뉴스》, 〈산업혁명 주역' 英 석탄 역사속으로…마지막 지하탄광 폐쇄〉, 2015년 12월 17일.

17 *Marc Bloch, The Historian's Craft: Reflections on the Nature and Uses of History and the Techniques and Methods of Those Who Write It*, New York, 1964, pp.181~218.

18 폴 벤느 저, 이상길·김현경 저, 『역사를 어떻게 쓰는가』, 새물결, 2004.

19 헤로도토스 저, 박광순 역, 『역사』, 범우사, 1987.

20 나탈리 제면 데이비스 저, 양희영 역, 『마르탱 게르의 귀향』, 지식의풍경, 2000, p.18.

21 https://ko.wikipedia.org/wiki/%ED%8C%A9%EC%85%98.

22 http://stdweb2.korean.go.kr/.

4부 오해와 이해의 갈림길

1 『문화일보』, 「〈'위안부 타결' 후폭풍〉아베 "약속 어기면 한국은 국제사회에서 끝난다"」, 박준희 기자, 2015년 12월 30일.

2 세월호 기억저장소 홈피 http://sewolho-archives.org/

3 YTN, 〈[좋은뉴스] "할머니 자서전 써드릴게요" 고등학생들의 창의 기부〉, 2016월 01월 11일.

4 이영남, 「자기역사 쓰기」, 미발표 원고.

5 이영남, 앞의 원고.

6 오도 저, 김시용 사진, 『텃밭정원 가이드북』, 그물코, 2013.

7 『인간과 기억 아카이브 백서—일상아카이브의 시작』, 2015.

에필로그

1 업튼 싱클레어 저, 채광석 역, 『정글』, 페어퍼로드, 2009. 20세기로 들어올 무렵, 시카고 도축장 노동자들의 삶에 대한 이야기다. 우리가 마이클 조던이 활약하던 농구팀 '시카고불스'로만 기억하는 시카고의 진짜 모습이다.

2 『논어』, 「자로(子路)」 편.

3 프리모 레비 저, 이선영 역, 『가라앉은 자 구조된 자』, 돌베개, 2014.

찾아보기